Jacques Le Goff

Das Lachen im Mittelalter

Mit einem Nachwort
von Rolf Michael Schneider

Aus dem Französischen
von Jochen Grube

Klett-Cotta

Klett-Cotta
Die Originalbeiträge »Le Rire dans la société médiévale«: »Rire au Moyen Âge«, »Le Rire dans les règles monastiques du Haut Moyen Âge« sind dem Band »Un Autre Moyen Âge«, erschienen im Verlag Gallimard, entnommen (S. 1341–1368)

Printed in Germany
Umschlagfoto: Zentralinstitut für Kunstgeschichte, München
Gesetzt aus der Centaur von Kösel, Krugzell
Auf säure- und holzfreiem Werkdruckpapier gedruckt und gebunden von Kösel, Krugzell
ISBN 3-608-94274-2

Zweite Auflage, 2004

Bibliographische Information Der Deutschen Bibliothek
Die Deutsche Bibliothek verzeichnet diese Publikation in der Deutschen Nationalbibliographie; detaillierte bibliographische Daten sind im Internet über <http://dnb.ddb.de> abrufbar.

Inhalt

Das Lachen im Mittelalter
7

Vorgeschichte und Ziele der Untersuchung
13

Das Lachen in Gruppen
35

Das Lachen als Mittel der Kommunikation
37

Lachen und Ordensregeln im Hochmittelalter
45

Anmerkungen
69

Nachwort von Rolf Michael Schneider
77

Bildnachweis
124

Das Lachen im Mittelalter

Kaum will ich über die wissenschaftliche Untersuchung des Lachens im Mittelalter sprechen, da befällt mich auch schon das erste Unbehagen, denn Voltaire schrieb einmal: »Die Menschen, die nach abstrakten Gründen für das Lachen suchen, sind nicht fröhlich.« Aber ich suche auch keine »abstrakten Gründe«, denn was ich, und speziell für das Mittelalter, zutage fördern möchte, sind die Einstellungen der Gesellschaft zum Lachen und theoretische Stellungnahmen; außerdem interessiert mich, welche Funktion ihm in seinen verschiedenen Formen in der mittelalterlichen Gesellschaft zukam.

Ich möchte den Leser überzeugen, daß es sich für ihn wirklich lohnt, über das Lachen nachzudenken, und daß sich das Thema für eine geschichtliche Abhandlung ganz besonders eignet. Ich hoffe, eine erste, sehr allgemeine Beobachtung zu bestätigen, die man nicht – unter dem Vorwand, sie sei banal – mit Schweigen übergehen sollte: Das Lachen ist ein kulturelles Phänomen. Die Einstellungen zum Lachen verändern sich je nach Gesellschaft und Epoche, ebenso die Art und Weise, wie gelacht wird; Anlässe und Formen des Lachens bleiben nicht dieselben.

Das Lachen ist – zweitens – auch ein soziales Phänomen, und dazu bedarf es mindestens zweier oder dreier real vorhandener oder fiktiver Personen, nämlich die Person, die Anlaß zum Lachen gibt, eine, die lacht, und eine, über die gelacht wird – sehr oft auch den- oder diejenigen, mit denen zusammen man lacht. Das Lachen ist eine soziale Verhaltensweise, die Codes, Riten, Handelnde und ein Forum voraussetzt. Ich möchte sogar sagen, daß dies der einzige Punkt ist, der mich in der ansonsten sehr enttäuschenden Studie Henri Bergsons über das Lachen interessiert. In manchen geglückten Formulierungen legt er auf diesen Aspekt des Lachens großen Wert, und Sigmund Freud stellte die Übereinstimmung seiner eigenen Theorien mit dem Denken Bergsons in diesem Punkt ausdrücklich fest. Ob nun kulturelles oder soziales Phänomen – auch das Lachen hat eine Geschichte, es kann gar nicht anders sein. Deshalb sehe ich mich veranlaßt, den Leser auf die Ernsthaftigkeit des Lachens hinzuführen, und darin kann ich mich auch auf angesehene Autoren beziehen. 1983 veröffentlichte der Amerikaner J. Morreall ein anregendes Buch mit dem Titel *Taking Laughter seriously,*[1] und vor kurzem publizierte der Italiener F. Ceccarelli eine Studie über das »Lachen und Lächeln«.[2] Nach dem Hinweis, daß jede Erklärung des

Komischen das Lachen darüber tötet und daß er das Ende des Lachens besorgniserregend findet, weil es eine Quelle des Vergnügens ist, unterzieht er alles, was mit dem Lachen zusammenhängt, einer langen und gründlichen Untersuchung. Am Ende seines Buches versichert er: »Das Lachen und Lächeln läßt sich unter vielen Aspekten betrachten, aber an ihrer Bedeutung können eigentlich keine Zweifel bestehen.« Sehr scharfsinnig fügt er hinzu, daß die Art, wie viele Menschen eine Studie darüber als nutzlos ablehnen, ganz eng mit der Frage nach der Natur und Funktion von Lachen oder Lächeln verknüpft ist. Schließlich möchte ich auch den Russen Alexander Herzen erwähnen, der vor mehr als einem Jahrhundert bemerkte: »Eine Geschichte des Lachens zu schreiben wäre außerordentlich interessant.« Was ich hier also vorlegen möchte, ist die Skizze der Fragen und Probleme einer Geschichte des Lachens im abendländischen Mittelalter.

Dabei will ich mit der Vorgeschichte meines Vorhabens beginnen, weil ich meine, daß sie seine Stoßrichtung und gleichzeitig seine Schwächen oder Lükken erklären kann. Von woher gelangte die Idee zu dieser Untersuchung an mich? Aus welchen Motiven entstand sie, und welche Ziele verfolgt sie? Diesen Fragen folgt eine Bestandsaufnahme der Probleme, die sich bei der Entstehung einer derartigen Studie stellen; sie zeigt deren wichtigste Züge auf. Dabei muß ich gestehen, daß ich über das Stadium der Exploration zu diesem Thema noch nicht hinausgelangt bin, aber ich will mit dieser Feststellung nicht um das Verständnis oder die Gunst des Lesers werben: Meine Freunde und ich boten dieses Thema in einem gemeinsamen Seminar an, und viele Teilnehmer steuerten sehr interessante theoretische und dokumentarische Beiträge bei. Zum Schluß greife ich mit dem Lachen der Mönche *(risus monasticus)* im Hochmittelalter exemplarisch ein besonderes Thema heraus, das ich bereits relativ genau untersuchen konnte. Ich möchte auch einige Anhaltspunkte für die Geschichte der Entwicklung von Verhaltensweisen gegenüber dem Lachen, den Formen des Lachens und für den Platz geben, den das Lachen in der mittelalterlichen Gesellschaft von der Spätantike bis zur Renaissance besetzte.

Vorgeschichte und Ziele der Untersuchung

Eine Studie zur Geschichte des Lachens muß, wie ich glaube, von zwei Seiten her entworfen werden, denn beide trennt ein fundamentaler Unterschied: Die wissenschaftliche Vorgehensweise, die Fragestellungen und zunächst auch die Dokumentationen sind jeweils verschiedene auf der einen Seite, die sich mit den Einstellungen zum Lachen befaßt, und der anderen, die von den Ausdrucksformen des Lachens handelt. Auf herkömmliche Weise ausgedrückt, könnte man von der »Theorie und Praxis des Lachens« sprechen. Was die »Theorie« anbelangt, lassen sich relativ leicht mehr oder weniger, sagen wir: normative Texte finden, die nicht nur etwas über das Lachen aussagen, sondern die auch Empfehlungen darüber vermitteln, wie man lachen sollte. In diesem Sinn kennen wir im Fall der Tischmanieren eine ganze Reihe von Texten über die angemessenen Formen des Lachens, und mit diesen Texten sind wir wahrscheinlich noch am ehesten versehen. Was die Frage angeht, wie gelacht wurde, erweist sich die Situation schon als sehr viel schwieriger, denn hier stehen wir, wie mir scheint, vor zwei nachgeordneten Ebenen: Auf der einen Seite kennen wir Texte, in denen das Lachen und seine Formen zwar erwähnt werden, aber das geschieht nur sehr begrenzt oder gar nur so punktuell wie beispielsweise in einer Chronik mit dem Bild einer Person, die zu lachen beginnt. Für eine Untersuchung dieser Art aber wäre es wichtig, möglichst viele solcher Lachszenen einzufangen, doch es wird rasch klar, welch mühsame »Angelei« dies bedeuten würde. Auf der anderen Seite kennen wir den unermeßlichen Bereich des Komischen. Dort allerdings besteht wieder ein ganz anderes Problem: Es könnte sich nämlich die Frage der Komik in eine Frage des Lachens verwandeln, wobei natürlich weder das Besondere des Konzepts des Komischen noch die Spezifität der Texte, die diese Komik ausdrücken, verschwinden dürfen. Mit anderen Worten: Man müßte sowohl alle Texte, die über das Lachen urteilen, betrachten als auch alle Texte, die zum Lachen verleiten. Das sind sehr verschiedene Dinge, und eines der großen Probleme dieser Untersuchung zeigt sich schon jetzt ganz klar: In welchem Verhältnis stehen die Heterogenität der Textquellen, die Problematik und die Konzepte zueinander? Deshalb besteht eine der großen Unsicherheiten in der Ungewißheit, ob sich hinter all dem nicht ein Generalthema verbirgt, das diese Unterthemen in sich vereint. Ich muß noch hinzufügen, daß uns auf der einen Seite eine Geschichte der Werte und Mentalitäten entgegenkommt und daß wir auf der anderen Seite auf literarische und künstlerische Darstellungen treffen: Geht es also um eine Geschichte des Lachens *und* des Anreizes zum Lachen?

Damit taucht also ein erstes großes Problem des sehr komplexen Zusammenspiels zwischen den vier Bereichen Wertvorstellungen, Mentalitäten, Sitten/Gebräuche und Ästhetik des Lachens auf, und hier setzt meine zweite einleitende Bemerkung an: Selbst wenn es zahlreiche Kategorien des Lachens gibt und der Wortwitz nicht einmal die wichtigste Kategorie des Lachreizes ist, müssen wir an diesem Punkt die gewichtige Rolle der Worte und der Sprache unterstreichen; glücklicherweise ist der Historiker hier besser gewappnet! Wir haben es schon ziemlich lange gelernt, neben der Sprache auch auf das Vokabular und die Semantik zu blicken, obwohl wir dabei auf zwar wenige, aber immerhin ernsthafte und intelligente Studien stoßen. Und dann besteht noch das Problem der sprachlichen Übertragung, das dem Mediävisten immer ein Ärgernis ist, weil er nicht nur in lateinisch verfaßten, sondern auch in der jeweiligen Landessprache erhaltenen Texten nachforschen muß. Letzteres ist, wie mir scheint, um so wichtiger, weil man aus allen möglichen und sicher sehr interessanten Gründen eher in der Landessprache lachte als beispielsweise über einen Witz in Latein. Das wirklich große Hindernis für die wissenschaftliche Untersuchung des Lachens liegt gerade in der thematischen Ausdehnung, seiner Heterogenität und in seinen unscharfen Grenzen. Aber daß man eben deshalb mit vielen grundsätzlichen Themen der geschichtlichen Epoche in Berührung kommt, die man gerade studiert, darin besteht der erfreuliche Nebeneffekt dieser Problematik. Inzwischen sind beispielsweise die Referate erschienen, die während eines Kolloquiums über die Vielsprachigkeit im mittelalterlichen Abendland 1987 in Montreal gehalten wurden, und dieses Konvolut enthält wichtige Texte. Eines der Themen, die wir dort wiederfinden, befaßt sich mit den Ausdrucksmöglichkeiten der verschiedenen Sprachen im Mittelalter, insbesondere des Lateins im Vergleich zu den Landessprachen. Die sehr genauen Studien hervorragender Sprachwissenschaftler betonen, daß sich das Lateinische seit dem 13. Jahrhundert zwar nicht gerade in Richtung einer toten Sprache, aber doch zumindest als Gelehrtensprache fortentwickelte, die grundsätzlich nur bei bestimmten liturgischen und anderen religiösen Anlässen oder in intellektuellen Auseinandersetzungen Anwendung fand, wo das neue Latein, nämlich das Latein der Scholastiker, vorherrschte. Dieses neue Latein kam der Wiedergabe all dessen, was wir als Empfinden und die Eigentümlichkeit von Gefühlen und Vorstellungen bezeichnen, schon ein wenig entgegen, und deshalb entgingen ihm auch alle subjektiven Aspekte des Ganzen. Wir sollten das Problem von der Landessprache her angehen, weil meinem Eindruck nach die meisten Mediävisten mit Textquellen in lateinischer und gleichzeitig landessprachiger Fassung nicht mehr ohne weiteres umgehen können. Und nicht zuletzt müssen wir uns vor Augen halten, daß wir neben der reinen Übersetzung eines Wortes den komischen und zum Lachen reizenden Sinn erkennen müssen, der, wie wir seit den großartigen Studien Paul Zumthors wissen, von der Stimme, der Mimik und der Gestik abhängt, die ebenfalls auf eine historische Entwicklung zurückblicken.

Und wie kam ich dazu, mich für das Lachen näher zu interessieren? Ich glaube, der erste Groschen fiel bei mir, als ich einen kurzen Ausschnitt aus dem Buch von Ernst Robert Curtius *Europäische Literatur und lateinisches Mittelalter,* ein heute zwar weithin unbekanntes Werk, aber trotzdem eine Goldgrube für Texte, Themen und Reflexionen, las. Dieses Buch enthält einen Exkurs über die Kirche und das Lachen. Meine Aufmerksamkeit fühlte sich vor allem davon angezogen, daß man sich seit der frühchristlichen Zeit bis zum Ende des Mittelalters besonders in Kirchenkreisen ernsthaft mit der Frage beschäftigte, ob Christus auf Erden je gelacht hat. Dieses Thema mag gewiß anekdotische Züge tragen, aber es ist auch außerordentlich interessant, vor allem wenn wir den zeitlichen und gesellschaftlichen

Kontext seiner Wirksamkeit im Mittelalter beachten. Selbst die Geschichte des Auftauchens dieses Themas ist von größtem Interesse, aber ich will sie hier nicht weiter ausführen. Viel bezeichnender ist die Tatsache, daß sich dieser *topos*, der in Predigten und in der predigtvorbereitenden Literatur immer wieder erschien, nicht allein auf das Mönchtum oder andere, speziell kirchliche Kreise beschränkte, sondern auch in akademischen Zirkeln eine recht lebhafte Wirksamkeit entfaltete. Im 13. Jahrhundert bestand an der Universität von Paris die Tradition, daß in jedem Jahr ein *Quodlibet* – eine mit Anzüglichkeiten, Kalauern und Witzeleien gespickte Diskussion über einen vorher vereinbarten Gegenstand, eine Art öffentliche Konferenz – über dieses Thema abgehalten wurde. Demgegenüber galt im gesamten Mittelalter noch ein anderer *topos*; er leitete sich aus der Ethik des Aristoteles her, der bekanntlich die Meinung vertreten hat, daß das Lachen das eigentliche Wesen *(proprium)* des Menschen sei. Daraus entstand in der lateinischen Überlieferung und in der christlich-lateinischen Tradition des Mittelalters mit dem Motiv des *homo risibilis* ein Begriff, der sich ohne größere Mühe in sein Gegenteil verkehren ließ. Damit ist – wohlgemerkt – nicht der Mensch gemeint, über den man lacht, sondern einer, der die Gabe des Lachens besitzt, der mithin grundsätzlich dadurch zu charakterisieren ist, daß er lacht. Wir erkennen also eine große und durchaus als weitreichend zu bezeichnende Debatte um das Lachen, denn wenn Christus, das große Vorbild für die Menschen, dem nachzufolgen damals immer dringender empfohlen wurde, in seinem Erdenleben kein einziges Mal gelacht hat, dann mußte das Lachen dem Menschen, zumindest aber dem Christen fremd werden. Wenn man hingegen mit Aristoteles die Meinung vertritt, das Lachen sei eine genuin menschliche Eigenschaft, dann steht fest, daß der lachende Mensch sein Wesen natürlich besser zum Ausdruck bringen kann. Nun finden sich ja beide (Christus und Aristoteles) in den Werken kirchlicher Autoren wieder, und ich traf bei der Lektüre auf keinen Hinweis, der das Lachen als Häresie verurteilt hätte. Die verschiedenen Einstellungen zum Lachen entstammen samt und sonders einer bestimmten orthodox-christlichen Sichtweise. Dies mag in letzter Konsequenz zwar nicht immer zutreffen, aber wir stoßen hier auf eine Begrenzung des Themas, die bisher noch nicht hinreichend ausgelotet wurde.

Was konnte ein Aufeinandertreffen dieser beiden Themen herbeiführen? Es kam in einer Weise dazu, die sich auch bei der Entstehung von Tischmanieren oder Gesten beobachten läßt, die Jean-Claude Schmitt vor kurzem genauer betrachtete. Während einer ersten Periode stand die Kirche vor einem ihr gefährlich erscheinenden Phänomen und wußte nicht, wie sie es in den Griff bekommen sollte. Deshalb bezog sie dazu eine zunächst grundsätzlich abwehrende Position. Danach gelang es ihr etwa um das 12. Jahrhundert, es allmählich besser einzuordnen und zwischen dem (moralisch) guten und somit erlaubten und dem (moralisch) verwerflichen, also unerlaubten Lachen zu unterscheiden. Von diesem Standpunkt aus gelangte sie zu einer Art Kodifikation der Praktiken des Lachens, die die Scholastik übernahm. Wir kennen Schriften bedeutender Scholastiker über das Lachen; eine der ersten stammt aus der Feder des großen Franziskanergelehrten und in den Jahren 1220 bis 1240 Magisters der Universität von Paris, Alexander von Hales. Ihr folgten beeindruckende Texte von Thomas von Aquin und Albertus Magnus, die bis in die zeitgenössischen Sitten und Gebräuche ausstrahlten. Eines der verblüffendsten Beispiele lieferte der französische König Ludwig IX. (der Heilige). Offensichtlich unter dem Einfluß der dominikanischen und franziskanischen Bettelmönche in seiner Umgebung löste er das Problem wie folgt: Freitags lachte er nicht! Den Heiligen Ludwig kennen wir aus der großartigen Biographie Jean Joinvilles näher, der den König auf seinem Kreuzzug nach Ägypten begleitete und uns glücklicherweise ein etwas unerwartetes Bild von ihm vermittelt: Ludwig der Heilige lachte offenbar gern, und diese Eigenschaft korrespondiert auch mit dem anderen *topos* des *rex facetus,* des freundlich-witzigen Königs, eine Eigenschaft, die in das Herrscherbild einging. Das Bild des *rex facetus* entwickelte sich namentlich in bezug auf das ziemlich genau definierte gesellschaftliche Leben bei Hofe zum *topos.* Seitdem gehörte es fast zu den Pflichten des Königs, durch Späße für Frohsinn in seiner unmittelbaren Umgebung zu sorgen. Der *rex facetus* tritt uns in einer ganzen Reihe von zumeist englischen Texten und Chroniken aus dem 12. Jahrhundert entgegen. Als der erste *rex facetus* wird uns Heinrich II. von England überliefert, von dem viele witzige Aussprüche und Gelegenheiten bekannt sind, wo er über dieses oder jenes lachte; man hat sogar das Gefühl, daß Lachen fast ein Herrschaftsinstrument wurde, in jedem Fall aber ein Attribut der Macht. Anthropologen wie insbesondere Ratcliffe Brown erforschten die Funktionen des Lachens, beispielsweise die »Verwandtschaft des Scherzens« in einigen afrikanischen Gesellschaften. In Afrika leben Stämme, in denen sich bestimmte und durchaus wandlungsfähige, aber häufig zwischen Schwiegersohn und Schwiegermutter bestehende Verwandtschaftsbeziehungen in Scherzen und Späßen äußern müssen, und ich frage mich, ob in der mittelalterlichen Gesellschaft nicht auch derartige Strukturen und Praktiken bestanden. Ich glaube, daß man beim genauen Studium bestimmter Texte den Eindruck gewinnen könnte, daß ein König mit seinem Lachen die höfische Gesellschaft um ihn herum strukturierte. Dabei lachte er nicht über irgend jemanden, noch machte er sich in derselben Weise über alle lustig. Eine der Fehlformen des Lachens ist auch das Lachen über Obszönitäten.

Mein Vorhaben zielt etwa in dieselbe Richtung wie *Der Name der Rose,* weshalb das Buch meines Freundes Umberto Eco bei meinen Recherchen eine gewisse Rolle spielte. Bei ihm stellte ich fest, daß er dem Lachen in der mittelalterlichen Gesellschaft und Kultur ebenfalls eine recht große Bedeutung beimißt. Wie dort nachzulesen, verabscheut der überstrenge Mönch Jorge de Burgos das Lachen zutiefst. Umberto Eco führt sehr sachkundig eine Annäherung zwischen der Haltung seines Mönchs und der des hl. Bernhard herbei, der sich leidenschaftlich gegen die Darstellung von Monstern in der romanischen Kunst auflehnte. An diesem Punkt erahnt man wieder einmal eine der historischen Allianzen zwischen den verschiedenen Formen des Mißtrauens gegenüber gewissen, mehr oder weniger anarchischen, anomalen oder provozierenden Kunstformen. Was mich aber vielleicht endgültig zum Lachen als Thema hinzog, war, daß an der École des Hautes Etudes und am Centre de Recherches historiques neben mir noch viele andere Kollegen das Gebiet der Geschichte anhand neuer Dokumente um Spezialgebiete wie die oral history oder die Geschichte der Körperbewegungen erweitern wollen. Es war mir stets wichtig, den menschlichen Körper in das Geschichtsstudium zu integrieren, nicht etwa durch eine Geschichte der Körperhaltungen, die sehr trivial und wahrscheinlich höchst oberflächlich wäre, sondern durch eine Geschichte speziell der Bedeutung von körperbedingten oder am Körperlichen orientierten menschlichen Handlungsmustern im Wandel historischer Gesellschaften. Meiner Meinung nach wirkt der Zauber des Beitrags von Marcel Mauss, *Les Techniques du corps*, noch immer auf uns, weil seine Faszination noch nicht erloschen ist. Das Lachen ist ein Phänomen, das sich empirisch faßbar im Körper und durch den Körper ausdrückt. Angesichts dessen verblüfft es doch, daß ein großer Teil der Autoren, die sich mit dem Lachen auseinandersetzten, Historiker, Literaturhistoriker, sogar Philosophen wie Henri Bergson oder ein Sigmund Freud diesen, wie mir scheint, essentiellen körperlichen Aspekt praktisch übergehen. Die Kodifizierung und Verurteilung des Lachens im monastischen Milieu resultieren mindestens teilweise aus seiner gefährlichen Verbindung mit dem Körper.

Alles in allem präsentierte sich das Lachen zusammen mit dem Müßiggang als die zweite große Bedrohung des Mönchs; in den verschiedenen Klosterordnungen des Hochmittelalters weist die Einfügung eines Lachverbots in das Kapitel, das sich mit der einen oder anderen Mönchstugend beschäftigt und dem Ordensbruder dieses oder jenes Verhalten vorschrieb, sowohl auf einen gewissen Spielraum als auch auf eine bestimmte Entwicklungsrichtung hin. In den ersten Mönchsregeln aus dem 5. Jahrhundert wurde das Lachen normalerweise im Kapitel über das Schweigen *(taciturnitas)* erwähnt und bedeutete damals die schlimmste und unanständigste Form, das Schweigen zu brechen. Gemessen am Schweigen im Kloster als der existentiellen Grundtugend der Mönche stellte das Lachen einen außerordentlich gewalttätigen Bruch dar. Ein Jahrhundert später sehen wir besonders beim hl. Benedikt, daß sich das Lachen aus dem Bereich des Schweigegebots in Richtung Demutspflicht verschiebt; das Lachen verstieß nun gegen die von den Mönchen geforderte Demut. Wir bewegen uns damit in ein anderes Sternbild des mönchischen Gefühlsuniversums, in die Frömmigkeit: Wer also lachte, ließ es an Frömmigkeit fehlen. Die *Regula Magistri (Magisterregel)*, eine der zwischen dem 5. und dem 9., vor allem aber zwischen dem 5. und dem 7. Jahrhundert zahlreichen Klosterregeln im mittelalterlichen Abendland (die *Magisterregel* selbst entstand im 6. Jahrhundert), hängt offensichtlich mit der *Regula Sancti Benedicti,* der seit dem 9. Jahrhundert quasi allgemeinverbindlichen Ordensregel im gesamten abendländischen Mönchtum, zusammen. Exakte und überzeugende Studien wiesen nach, daß die *Magisterregel* vor der Regel des hl. Benedikt existierte, der sie übrigens als Vorbild diente. Dennoch bestehen zwischen beiden Ordensregeln beachtliche Unterschiede, z.B., daß die Benediktusregel sehr knapp gefaßt ist (und darin liegt auch einer der Gründe ihres Erfolgs: Sie ist kurz und einfach zu verstehen), während es sich bei der *Magisterregel* um einen sehr langen, aber auch hochinteressanten und weit jenseits einer individuellen Psychologie angesiedelten Text handelt. Er fordert eine durch und durch christliche Lebensform, die sowohl das äußere Verhalten wie auch die innere Einstellung des Mönchs vorschreibt. Die *Magisterregel* ist tief in einer der wichtigsten Erscheinungsformen des Mittelalters verankert, was noch nicht genügend berücksichtigt wird. Der oder die Verfasser erinnern sich vor allem an die körperfeindlichen, eher asketischen Texte wie den berühmten Satz Gregors des Großen, der den Körper als »das erbärmliche Kleid der Seele« definierte. Dabei ließ man, wie mir scheint, außer acht, daß der Mensch grundsätzlich als untrennbare Einheit aus Körper und Seele zu betrachten ist. Vergessen wir nicht, daß das Christentum die Auferstehung des Leibes verkündet, eine Botschaft, die, wie besonders Piero Camporesi unterstreicht, seine Sonderstellung unter vielen anderen Religionen begründet. Der Mensch wird folglich an Körper und Seele erlöst, weil er schließlich Gutes wie Böses mit Hilfe seines Körpers tut. Vor allem aber setzte sich das Bild des Körpers als eines Werkzeugs des Teufels in den Köpfen der Menschen fest, obwohl er doch auch ein Instrument des Heils ist. Gerade die *Magisterregel* zeigt recht anschaulich, wie sich der menschliche Körper gegenüber dem Guten und dem Bösen verhält, wobei beides aus zwei Quellen stammt, einerseits einer äußeren, die in bezug auf das Gute in der göttlichen Gnade und für das Böse in der Versuchung durch den Teufel zu sehen ist. Andererseits verweist die *Regula magistri* auch auf zwei innere Quellen, die beide dem Herzen entspringen; sie zeigen sich in den zuweilen schlechten Gedanken und manchmal in ihrem Gegenteil, den guten Gedanken. Mit den Gesichtsöffnungen (Augen, Mund und Ohren) besitzt der Körper Filter in beiden Richtungen, d.h. von innen nach außen und von außen nach innen. Die Augen, die Ohren und der Mund sind Filter für das Gute und das Böse. Sie müssen so eingesetzt werden, daß sie das Gute in den Körper und aus ihm heraus lassen und dem Bösen den Weg in beide Richtungen versperren. Die *Magisterregel* spricht deshalb vom »Tor des Mundes« und vom »Riegel der Zähne«. Wenn das Lachen also auszubrechen droht, muß der Mönch es mit allen Mitteln zurückhalten. Wie wir sehen, ist das Lachen, das schmutzige Lachen des Mundes, die schlimmste Form aller schlechten Gefühle, die von innen nach außen dringen. Das alles ist mit einer Art absolut ungewöhnlicher christlicher Physiologie verknüpft, hinter der medizinische Abhandlungen oder wahre physiologische Glaubensbekenntnisse aufschimmern.

Das erste große Problem bei einer Studie über das Lachen ist wie stets bei einer wissenschaftlichen Untersuchung, daß man zunächst ständig von gewagten und noch nicht verifizierten Hypothesen ausgehen muß, die sich nur auf eine noch schmale Basis wissenschaftlicher Publikationen und Überlegungen stützen, ohne die man aber nach meiner Ansicht nicht weiterkommt. Als nächsten Schritt müssen wir sie mit unseren Erkenntnissen vergleichen, wir müssen sie modifizieren oder, wenn notwendig, verwerfen und durch unsere Hypothesen ersetzen etc. In unserem Fall wäre die erste Frage: Läßt sich das Lachen auf ein einheitliches Phänomen reduzieren? So wie die Dinge derzeit für mich liegen, habe ich keine Antwort. Allerdings verblüfft es mich, daß, wer sich auf eine Erforschung der Gebiete zum Thema Lachen einläßt, sich mit Worten, Konzepten und nicht nur mit Handlungsmustern herumschlagen muß, die dem Begriff oder dem semantischen Feld des Lachens absolut unterschiedliche Phänomene unterordnen, so daß man sich fragt, ob es sich noch um dieselbe Sache handelt. Dieses Problem wurde von allen bisherigen und selbst den bedeutendsten Autoren nur unzureichend behandelt. Erstaunt hat mich die Tatsache, daß in dem Buch von Sigmund Freud *Der Witz und seine Beziehung zum Unbewußten* (vgl. S. Freud, *Gesammelte Werke,* Bd. 6 [5]1973, hrsg. von Anna Freud), einem der bedeutendsten Werke zu diesem Thema, der Autor den Körper aus dem Phänomen Lachen praktisch nicht nur ausblendet, sondern auch, daß er drei Arten des Lachens definiert: das Lachen über einen witzigen Einfall, das Lachen aus komischem Anlaß und das humorvolle Lachen, die er im übrigen alle drei als »ewige Formen des Lachens« charakterisiert. Merkwürdigerweise scheint er sich die Frage nach der Einheitlichkeit des Lachens nicht gestellt zu haben. Er verwendet die gleiche Methode, um diese drei Formen des Lachens zu untersuchen und zu definieren, aber die Einheitlichkeit resultiert aus seiner analytischen Methode und nicht aus einer eventuellen objektiven Einheitlichkeit der Phänomene, mit denen er sich so intensiv beschäftigte. Freud unterscheidet drei Haupttheorien über das Lachen.

~ Die erste Theorie beschreibt das Lachen aus Überlegenheit, d.h. die Theorie, der zufolge der Lachende einen Gesprächspartner oder jemand anderen, der vor ihm steht, durch sein Lachen zu beherrschen versucht, also ein machtbewußtes Lachen aus einer Position der Überlegenheit.

~ Die zweite Theorie beschäftigt sich mit dem ungebührlichen Lachen. Ihr zufolge lacht eine Person grundsätzlich dann, wenn sie etwas wahrnimmt, das nicht in die normale natürliche oder gesellschaftliche Ordnung paßt. Ähnlich Henri Bergson, der dieses Bild noch präzisiert: Ein Mensch lacht, wenn er eine im Mechanistischen erstarrte Aktion erkennt, wo eigentlich die schöpferische Grundkraft des Menschen wirken müßte.

~ Bei der dritten Theorie handelt es sich um die sogenannte *relief theory* Freuds, die Theorie der Entspannung oder des Sich-etwas-Ersparens, nach der sich der Lachende durch sein Lachen Verhaltensweisen erspart, die für ihn sowohl in der Form ihrer Äußerung als auch wegen ihrer Gründe und Motive relativ schwierig auszudrücken wären.

Nachdem sich John Morreall mit diesen drei Theorien auseinandergesetzt hatte, schlug er eine neue Theorie über das Lachen vor, weil er eine für alle Formen des Lachens einheitliche Erklärung finden und gleichzeitig so knapp wie möglich formulieren wollte. Herausgekommen ist dann dies: »Laughter results from a pleasant psychological shift.« Diese Definition ist nicht seriös, sondern fast eine Tautologie. Und wie, bitte, hat man »shift« zu definieren?

Kehren wir also wieder zu den älteren kulturellen Einflüssen zurück, die auf die Auffassungen über das Lachen im mittelalterlichen Abendland einwirkten. Der Einfluß der Bibel war, wie für diese Zeit üblich, sehr stark – bezüglich des Lachens vielleicht noch stärker als sonst –, denn die Bibel blieb bis mindestens zum 14. Jahrhundert das »Buch der Bücher«; alle theoretischen Reflexionen und Handlungsanweisungen für das alltägliche Leben gingen von der Bibel aus. Wenn die Menschen im Mittelalter und vor allem die Geistlichen versuchten, ein Phänomen zu begreifen oder ihm gegenüber Stellung zu beziehen, schlugen sie offenbar in der Bibel nach, um zu sehen, was sie dazu sagte, und davon gingen sie bei ihren Überlegungen aus. Geistliche und Intellektuelle arbeiteten nach diesem Prinzip, und in den ersten Jahrhunderten des Mittelalters wurden Sammlungen (Dossiers) über die meisten großen Fragen angelegt, die sich der Gesellschaft stellten. Ich habe diese Praxis am Beispiel des Stichworts »Arbeit« überprüft, und dabei zeigte sich, daß christliche Intellektuelle im Hochmittelalter eine Sammlung von biblischen Verweisen aus dem Alten und Neuen Testament zusammengestellt hatten, die sich auf Arbeit beziehen oder die in Verbindung mit allen Fragen zum Stichwort »Arbeit« herangezogen werden konnten – eine übrigens sehr bemerkenswerte Beschäftigung, denn es ist schon sehr erhellend zu sehen, wie je nach historischer Epoche bestimmte Texte zitiert oder andere verschwiegen wurden. Aus diesem »Spiel« mit Zitaten und ihrer Auswahl in den Dossiers läßt sich die allgemeine Entwicklung von kulturellen Verhaltensmustern in bezug auf das eine oder andere Phänomen ablesen, und genauso verhält es sich auch mit dem Lachen.

Darüber sind wir ziemlich gut unterrichtet, denn die Wörterbücher zur Bibel und zum Neuen Testament sowie spezielle Abhandlungen über das Lachen im Alten und Neuen Testament enthalten mehrere gute Beiträge. Wie mir scheint, wirkten die grundsätzlichen Themen des Alten Testaments in entweder ganz neuen oder erneuerten Formen noch lange nach, z. B. die Unterscheidung zwischen zwei ziemlich unterschiedlichen Arten zu lachen. Für sie verwendet das Hebräische zwei sehr verschiedene Begriffe. Das eine Wort, צחק (sahak), meint das fröhliche, schallende Lachen, während das andere, לעג (la'ag), ein spöttisches, den Adressaten herabsetzendes Lachen beschreibt: Die erste Form interessiert auch Mediävisten, weil sie nach unserer sehr genauen Kenntnis ein noch im Mittelalter lebendiges Erbe der Antike darstellt. Der erste Begriff צחק (sahak) lieh seine Wortbedeutung Isaak – einer der wichtigsten Personen des Alten Testaments –, denn Isaak heißt »das Lachen«. In der jüdischen Vorstellungswelt, im Talmud und in den Kommentaren der Rabbiner beschäftigt sich ein eigener literarischer Zweig mit dem Namen Isaak. Man braucht nur im 1. Buch Mose (Genesis) nachzulesen, das die Geburt Isaaks ankündigt – ein kleines Schmuckstück an Komik.

Eines Tages erschien Gott wie so häufig Abraham und sprach zu ihm: »Du weißt, Abraham, daß du Vater wirst.« Abraham darauf: »Ich – Vater? Aber ich bin hundert Jahre und meine Frau Sara ist neunzig Jahre alt.« Abraham sagte nichts weiter, dachte sich aber trotzdem sein Teil. Einige Zeit danach erschien Gott Sara und sprach zu ihr: »Sara, du wirst bald Mutter«, und daraufhin begann Sara laut zu lachen. Im folgenden Jahr war es dann soweit. Sara und Abraham wurde ein Sohn geboren, der den Namen *Isaak* erhielt. Sara, verlegen, sagte zu Gott, sie hätte bei der Prophezeiung nicht gelacht. Gott tat so, als glaube er ihr, meinte aber am Schluß: »Nicht wahr, es ist dir klar, daß du doch laut gelacht hast.« Eine sonderbare Geschichte zwar, aber doch nicht ohne tieferen Sinn, denn wie mir scheint, besteht eine mehr als konzeptionelle Beständigkeit zwischen diesen beiden Formen des Lachens. Offenbar fiel es den frühen christlichen Gesellschaften schwer, sich die beiden Formen des Lachens als ein und dasselbe Lachen zusammenzudenken, aber das Lateinische zwang sie dazu. Die griechische Sprache besitzt für beide Formen zwei aus derselben Wurzel stammende Worte: *gélân* (γελᾶν) und *katagélân* (καταγελᾶν). *Gélân* bezeichnet das natürliche Lachen und *katagélân* das böse oder bissige Lachen, und mir scheint, daß das mittelalterliche Denken gerade durch sein Festhalten an der Trennung von gutem und bösem Lachen diese Unterscheidung aus der Antike übernahm. Das Latein kennt für Lachen nur das Wort *risus,* während das Griechische neben dem Wort Lachen auch noch über ein Wort für Lächeln verfügt. Die Römer taten sich schwer, das Wort *subrisus* in ihrem Sprachgebrauch zu installieren; es tauchte zwar auf, bedeutete lange Zeit aber nicht »lächeln«, sondern »sich ins Fäustchen lachen« oder »heimlich hinter dem Rücken einer Person lachen«. Die Bedeutung des griechischen »Lächelns« erreichte es erst, als sich das System der Werte und Verhaltensweisen (im 12. Jahrhundert?) grundlegend verändert hatte. Ich frage mich, ob das Lächeln nicht eine mittelalterliche Wortschöpfung ist.

Wenn wir Bilder über das Isaak-Thema betrachten, vermissen wir jegliche künstlerische Ausgestaltung des Lachens im Zusammenhang mit der Geburt Isaaks und ihrer Vorgeschichte. Wir stoßen hier auf ein grundsätzliches Problem, das uns interessiert, nämlich die Beziehung zwischen einer Erzählung und den sie darstellenden Bildern; mit anderen Worten, die Verbindungen, die zwischen der Bilddeutung und dem Thema eines Bildes bestehen. Wie wir wissen, können Bilder verschweigen, verzögern, verschieben und natürlich vom Thema abweichen. Auf der anderen Seite können künstlerisch gelungene Werke durch ihre Komik und ihre karikaturistischen Züge auch zum Lachen reizen, aber diese Ansicht tauchte erst spät auf.[3] Man gewinnt den Eindruck, daß das Christentum die Form des eher spöttischen Lachens lange Zeit blockiert hat, weil es sie für besonders verwerflich hielt. Dafür beobachten wir das Aufblühen des Lächelns in Malerei und Skulptur, wie wir es aus den bekannten lächelnden Engelsgesichtern und im Bild der klugen und törichten Jungfrauen sehen, in dem die klugen Jungfrauen lächeln und ihre törichten Schwestern albern lachen.

Bleibt bei der Inventur der noch offenen Fragen der Komplex »Lachen und Gesellschaft«. Über wen oder was lachte man? Ist ein gruppen- oder klassenspezifisches Lachen zu erkennen? Unsere Mönche mußten ihre speziellen Verbote beachten, und es gab einen *risus monasticus,* eine ungebührliche und deshalb verbotene Form des Lachens. Aber gleichzeitig wollten sich unsere braven Mönche in ihren Klöstern von Zeit zu Zeit auch ein wenig amüsieren und dachten sich deshalb eine Art schriftliche Scherz- und Witzsammlungen, die *joca monacorum* aus, von denen einige aus dem 8. Jahrhundert erhalten sind. Über Mönche erzählte man sich Witze wie über Geistliche, Juden oder Armenier.

Das Lachen in Gruppen

Aus feudalen Adelskreisen ist uns das dröhnende Lachen über allerlei Ulk und Späße unter der Bezeichnung *gab* bekannt, die uns ein wenig an die »Marseiller Geschichten« denken lassen. Die wackeren Rittersleut' erzählten sich, wenn sie sich nicht gerade in den Kemenaten der Damen aufhielten, sondern unter sich zusammensaßen und der Kampf für sie in weiter Ferne lag, typische Rittergeschichten oder Heldentaten. Wer dabei die ausgefallenste Geschichte erzählte, z. B. daß ein Ritter im Kampf seinem Gegner mit einem Schwerthieb nicht nur den Leib, sondern auch den seines Pferdes gespalten hatte, zählte noch zu den harmloseren Aufschneidern. In diesen Geschichten tut sich eine Fundgrube an Einbildungskraft, Erfindungsgabe und Erzählfreude auf; die ältesten Sagen berichten, daß die Helden gerade damit einen großen Teil der ihnen zur Verfügung stehenden Zeit für Unterhaltung zubrachten. In der *Wallfahrt Karls des Großen (Pélérinage de Charlemagne)* wird erzählt, wie Karl der Große und seine zwölf obersten Vasallen als Gäste des Kaisers von Konstantinopel einen Spion, den der Kaiser zur

Ausforschung ihrer Pläne selbst geschickt hatte, durch die Erzählung von *gabs,* als deren Helden sie sich selbst zu erkennen gaben, in Angst und Schrecken versetzten, weil er die Fiktion für bare Münze nahm.

Das Lachen als Mittel der Kommunikation

Georges Bataille schrieb einmal: »Das Lachen ist die spezifische Form der menschlichen Interaktion.« Wenn wir uns entweder der Theorie zuwenden oder uns auf der Ebene der Sitten und Gebräuche ansehen, wie und warum gelacht wird, öffnet uns dieses Lachen den Blick für interessante Dinge über die Strukturen und das Zusammenwirken einer Gesellschaft. Vor kurzem erwähnte ich die – wie ich sie nenne – »Ausrutscher«, nämlich das unter soziologischem Aspekt sehr wichtige Lachen über erotische, skatologische und obszöne Zoten oder Späße. Unter den ältesten Sammlungen komischer Texte, die sich bis heute erhalten haben, befinden sich gerade solche, die in diesen Bereich gehören.

Ich erwähnte auch das anthropologische Lachen, zu dem der Komplex Lachen und Folklore zählt, und verwendete dafür die Formel einer »Verwandtschaft im Scherzen«. Wir kennen namentlich in der Literatur andere erstaunliche Themen, z.B. das Motiv des Kindes, das in dem Augenblick lacht, in dem es sterben soll, das Lachen des *Perceval* bei Chrétien de

Troyes oder die Königstochter, die seit sechs Jahren nicht mehr gelacht hatte. Ein anderer Typus des Lachens ist das rituelle Lachen und seine Hauptform das österliche Lachen.

Fassen wir nun die nach Jahrhunderten geordneten Skizzen über das Lachen vorläufig zusammen: Die erste Periode vom 4. bis zum 10. Jahrhundert stand offenbar unter dem Primat des monastischen Vorbilds: Das Lachen wurde unterdrückt und erstickt. An ihr verblüffte mich der Parallelismus zwischen Entwicklungen und Verhaltensweisen in bezug auf das Lachen und dem anderen Phänomen des Traums, mit dem ich ein wenig vertraut bin. Das Unterdrükken und Ersticken von Träumen kam damals genauso vor wie die Unterdrückung des Lachens, denn man konnte sich das Lachen gar nicht anders vorstellen denn als eine Manifestation des Teufels. Vergessen wir aber nicht, daß wir in dieser Zeit, als Tränen und Weinen das Lachen zu überschwemmen drohten, gerade im mönchischen Milieu auf jenen Kontrapunkt der *joca monacorum* treffen. Er beweist, daß selbst in den Perioden, in denen sich lachfeindliche Theorien und Ansichten durchzusetzen schienen, eine fast ungezwungene Praxis des Lachens weiterlebte. Jedenfalls tauchte in den Klöstern eine dem Lachverbot entgegengesetzte literarische Gattung auf und schien der ihrer Unterdrückung zu entziehen.

Die zweite Periode, für die ich zwischen der Geschichte des Traums und den Heldengeschichten der Ritter ebenfalls einen gewissen Parallelismus annehmen möchte, war die Zeit des befreiten und kontrollierten Lachens, verknüpft – unter anderem – mit der zunehmenden Bedeutung des weltlichen Lebens außerhalb der Klostermauern und dem Aufschwung literarischer Werke in der jeweiligen Landessprache. Die Gesellschaft gewöhnte sich daran, sich in einem Spiegel zu betrachten, und die weltlichen Stände erkannten darin ihr zum Lachen reizendes Bild. Daraus entwickelten sich Satire und Parodie und, auf seiten der Kirche, die Zähmung des Lachens in den Träumen wie in den Gebärden. Was namentlich die Beherrschung des Lachens, d.h. die Lachsitten, angeht, so rückte das höfische Vorbild in den Vordergrund. Norbert Elias meint, soweit ich sehe, nicht diese Aspekte des Lachens und der Komik, aber ich muß zugeben, daß sie sich wohl in seinen Kategorien und Schritten bewegten.

Danach folgt das scholastische Lachen, und mit ihm setzt eine Kasuistik des Lachens ein: Wer darf lachen? Welche Art zu lachen ist erlaubt? Wann und wie ist sie erlaubt? Dieser Kasuistik folgte eine Zeit, die wie Ludwig der Heilige Zeiten für das Lachen und für das Weinen festlegte. Wir kennen eine Reihe sehr spannender Texte über das Wort *hilaris* (heiter), denen später noch viele andere folgen sollten. »Heiter« bezog sich im allgemeinen auf den Gesichtsausdruck: Unter einem *vultus hilaris* verstand man ein fröhliches und heiteres Gesicht, das wir in unseren Worten einigermaßen exakt als »lachend« bezeichnen, aber darunter nicht unbedingt ein von Lachen verzerrtes Gesicht verstehen. Seit dem 12. Jahrhundert war ein großer Teil der biblischen Texte allen oder den meisten Bevölkerungsschichten bekannt. Eine ausgesprochen hübsche kleine Studie von Fernand Vercauteren zeigt, wie in den Urkunden des ausgehenden 11. Jahrhunderts der Ausdruck *hilaris dator*, der lächelnde Schenker, auftaucht, der sich nicht damit begnügen darf, eine Schenkung zu vollziehen, sondern zeigen muß, daß er fröhlichen Herzens schenkt.[4] Dies verweist meines Erachtens entweder auf die sinkende gesellschaftliche Bedeutung von Schenkungen oder darauf, daß man ihnen immer weniger freiwillig nachkam, was wiederum unserem Kenntnisstand entspricht. Das Adjektiv *hilaris* fand alsbald Eingang in breite Kreise. Lachen als Lächeln (*hilaris*) wurde ein Attribut des Franz von Assisi und ein Zeichen seiner Heiligkeit. Franz sagte zu seinen Mitbrüdern: »Zeigt in allen Leiden und denen gegenüber, die euch quälen, ein lächelndes Gesicht (*hilaris vultus*)«. Das Lächeln drückte also wahre Spiritualität und entsprechendes Benehmen aus. In dem Bericht des englischen Franziskaners Thomas von Eccleston mit dem Titel »De adventu fratrum minorum in Angliam« besitzen wir einen Text, der ex negativo in etwa dasselbe sagt. Der Autor beschreibt die Niederlassung von Franziskanermönchen in England von 1220 bis 1223 und erzählt, daß der Franziskanerkonvent, der junge Brüder aufgenommen hatte, die Empfehlungen des heiligen Franz so genau umsetzen wollte, daß die Novizen schließlich in ein derart verrücktes Lachen ausbrachen, daß bald die Klosteroberen in Unruhe versetzt wurden. Der Generalminister warnte die jungen Mönche vor Übertreibungen; er ließ sie wissen, daß der heilige Franziskus sein Leben weder mit ungehemmtem Lachen verbracht noch das Vorbild einer derart ausgelassenen Heiligkeit geboten habe.

Zum Schluß noch ein Wort zu dem »zügellosen« Lachen in den Theorien des Russen Michail Michailowitsch Bachtin, Angehöriger eines Kreises sowjetischer Literaturwissenschaftler, die sich der Erforschung des Lachens und der Komik verschrieben und beides zu einem ihrer wichtigsten wissenschaftlichen Ziele erhoben hatten. Erst die Perestroika ermöglichte uns den Zugang zum Kernstück dieser literarischen Produktion. Vor etwa zehn Jahren schickte mir mein Freund Bronislaw Geremek ein Buch von Dimitrij Sergejewitsch Lichatschow über das Lachen, das er mir als ein Werk von grundsätzlicher Bedeutung empfahl; er berichtete mir auch von der gerade erst fertiggestellten

Übersetzung des Buches ins Italienische. Ein anderes Mitglied dieses Kreises namens Prop forschte ebenfalls über das Lachen, während Gurewitsch die Vorstellungen Bachtins über das Lachen kritisch überprüfte. Wir sehen hier also einen Expertenkreis zum Thema Lachen, was meinen Eindruck bestätigt wie wichtig dieses Thema ist. Bachtin zufolge stand das Mittelalter im großen und ganzen unter dem Einfluß der Kirche und war eine Zeit der Traurigkeit. Die Renaissance, die Bachtin sehr früh einsetzen läßt, betrachtet er als die hohe Zeit des Lachens, was ich hingegen für absolut fragwürdig halte. Bachtins Thesen können wir zunächst eine Periodisierung des Lachens entnehmen, selbst wenn wir sie noch ein wenig nuancieren müssen. Darüber hinaus ist sehr aufschlußreich, wie er den Zusammenhang zwischen dem Lachen und den öffentlichen Plätzen einer Stadt herstellt. Für ihn sind diese Plätze Orte unbeschwerten Lachens. Und in bäuerlichen Kreisen – hat man dort nicht gelacht? Oder galt das Lachen auf dem flachen Land auch nur als unangebracht und wurde so verdrängt wie andere Kategorien, die wie das Lachen der Kinder und der Frauen im Mittelalter mit Verachtung gestraft wurden? Schließlich kennen wir noch den besonders gelungenen Begriff *Lachkultur*, der vielleicht sogar interessanteste Beitrag Bachtins zur Problematik, der zwar ins Deutsche, aber leider nicht in Französische übersetzt wurde.

Ja, es gab eine Kultur des Lachens mit allem, was daran hängen mag. Ich glaube, wir finden die Bedeutung des Lachens in den Auswirkungen des kulturellen und gesellschaftlichen Schaffens wieder. Deshalb können wir es auch mit einem anderen Thema vergleichen, das ihm sehr nahe kommt und es in Form der Auseinandersetzung um Karneval und Fastenzeit in einer bestimmten Weise ausdrückt. Auch diese Auseinandersetzung ist ein Kampf zwischen dem Lachen und einer ihm feindseligen Einstellung.

Lachen und Ordensregeln im Hochmittelalter

In seinem Werk *Europäische Literatur und lateinisches Mittelalter* (1948) weist Ernst Robert Curtius in einem Exkurs »Scherz und Ernst in mittelalterlicher Dichtung« unter Punkt 2 (»Die Kirche und das Lachen«) auf das Nebeneinander zweier Einstellungen zum Lachen in der mittelalterlichen Christenheit hin. Die eine Tradition entwickelte sich aus dem Lentulus-Brief, einem bruchstückhaft erhaltenen, apokryphen Evangelium, das die lateinischen Kirchenväter und die großen Lehrer des griechischen Mönchtums, Basilius der Große und Johannes Chrysostomos, in die christliche Lehre einbrachten. Rufinus übersetzte es für das weströmische Christentum (und nicht, wie Benedikt von Aniane im 9. Jahrhundert behauptet, Salvian von Marseille); danach wurde es gegen Ende des 12. Jahrhunderts von Petrus dem Dichter in sein *Verbum abbreviatum* und anschließend von den Scholastikern der Pariser Universität aufgenommen. In diesem Brief wird also gesagt, daß Jesus entsprechend dem Neuen Testament zeit seines irdischen Lebens nicht ein einziges Mal gelacht habe. Damit war das Lachen dem Vorbild des perfekten Menschen, das Jesus in seiner irdischen Gestalt ja verkörpert hatte, fremd.

Die andere Tradition geht auf Aristoteles zurück, dessen als »wissenschaftlich« bezeichneter Teil seines Werks vom Christentum stets mehr oder weniger übernommen wurde. Aristoteles vertrat die Meinung, daß im Unterschied zu Tieren, die nicht lachen können, das Lachen ein genuin menschlicher Wesenszug *(proprium hominis)* sei. Diese These wurde zunächst von Quintilian, dann von dem griechischen Neuplatoniker Porphyrios wieder aufgenommen und von Victorinus in die lateinische Sprache übersetzt. Martianus Capella führte sie in die christliche Kultur ein, und Boëthius verbreitete sie in seinem »Kommentar über Porphyrios«. Alkuin trug sie in der karolingischen Renaissance und Notker von St. Gallen um die Wende des 10. zum 11. Jahrhundert weiter. Dieser Tradition zufolge definiert sich der Mensch als *homo risibilis*, d.h. als ein zum Lachen fähiger Mensch, dessen *proprium* es ist, daß er lacht.

Abgesehen von diesen allgemeinen – und im übrigen widersprüchlichen – Auffassungen von der Beziehung zwischen Mensch und Lachen versuchte das Christentum frühzeitig, den Ort des Lachens in der christlichen Ethik, der christlichen Polis und in der

Lebensweise des Christen als des neuen Menschen zu definieren.

Der erste bedeutende christliche Text über das Lachen steht in Kapitel 5 des 2. Buches des *Pädagogus* von Klemens von Alexandrien (gest. um 215). Deutlich von Platon beeinflußt, weil der das Lachen verurteilt und den *niederen* Tätigkeiten zugeordnet hatte, verbannte Klemens die Anstifter zum Lachen aus der Polis.

Nun ist diese Zuweisung des Lachens zum Bereich der niederen Beschäftigungen des Menschen eines der Vermächtnisse der antiken Philosophie an das Christentum, das seinerseits noch mehr dazu neigte, das Erhabene gegenüber allem Niedrigen zu betonen, aber Klemens verdammte das Lachen pauschal als das für Possenreißer typische Verhalten, die die christliche Polis zusammen mit allem anderen Gesindel und den skandalumwitterten Personen des heidnischen Theaters (Schauspieler, Mimen und Clowns) aus ihrer Mitte entfernen sollte. Der Christ hatte also besonders darauf zu achten, sich nicht als Clown aufzuführen, was nach Klemens' Augen der Fall war, wenn er lachte. Lachen und Gestikulieren wurden also genauso gnadenlos verurteilt wie alles, was mit dem Theater zusammenhing. Lachen beschmutzte »das kostbarste aller Güter, die dem Menschen innewohnen«, das Wort Gottes, das durch Gelächter erniedrigt würde.[5]

Klemens setzte sich unter direkter Berufung auf die aristotelische Bewertung des Lachens als der eigentlichen Wesenheit des Menschen also für eine strenge Reglementierung des Lachens ein. Der Christ habe es zu »zügeln«, weil es seine Pflicht sei, dem Gleichgewicht seiner Seele zu dienen und nicht ihrer Unruhe; deswegen müsse das Lachen dem Verstand unterworfen werden, der noch mehr ein Wesensmerkmal des Menschen sei als das Lachen. Erlaubt sei es als Lächeln (μειδίαμα), »das Lachen der Weisen«. Frauen sollten vermeiden zu lachen wie Huren und Männer wie Zuhälter. Klemens entwirft einen regelrechten Kanon des Lachens, der, um auch Beschämendes und Schmerzliches mit einzubeziehen, Scham und Trauer berücksichtigen mußte. Man durfte nicht jederzeit lachen, sondern hatte es in Anwesenheit würdiger oder nicht zur Familie gehöriger Männer, an bestimmten Orten und unter bestimmten Umständen zu unterdrücken; für Frauen und Heranwachsende gar war es vollends unangebracht. Von diesen Betrachtungen weit entfernt, siedelte Klemens das Lachen aus Liederlichkeit, Obszönität und Trunkenheit an. Lachen vertrieb ihm zufolge den Verstand und weckte »monströse Leidenschaften«. Das Lachen, das die damaligen Christen mit den verbalen und alkoholischen Exzessen heidnischer Gastmähler gleichsetzten, veranlaßte die christliche Anthropologie, »Lachmanieren« mit »Tischmanieren« zu verbinden.

Klemens, ein hochgebildeter christlicher Grieche, formte wie viele andere griechische Geistliche Denken und Sitten der weströmischen Christen, selbst wenn ihre Schriften nicht ins Lateinische übersetzt wurden. Besonders aber wirkten sie auf das Mönchtum ein, das sich mit seinen Idealen, Einstellungen und Lebensgewohnheiten vom Orient nach West- und Mitteleuropa ausdehnte.

Um die Unterdrückung des Lachens kreiste eine der wichtigen Sorgen der Erfinder von Ordensregeln. Der hl. Basilius als der berühmteste und einflußreichste unter ihnen stellte von 357–359 seine *Längeren* und *Kürzeren Regeln* auf, die nach 397 von Rufinus von Aquileja ins Lateinische übersetzt wurden.[6] In den *Längeren Regeln* (Kap. 16 und 17) taucht das Lachen als ein Aspekt der aus der Sünde entstandenen fleischlichen Genüsse auf, die vor der Askese und dem Seelenheil hohe Hürden errichten. Unter dem Einfluß des griechischen Ideals von Angemessenheit und Mäßigung (ἐγκράτεια) empfahl Basilius vor allem, nur maßvoll zu lachen, verbot aber das Lachen insgesamt nicht. In seinen *Kürzeren Regeln* hingegen liest er sich viel strenger. Auf die Frage: »Ist es nicht grundsätzlich gestattet zu lachen?« folgt die Antwort: » Der Herr hat alle verdammt, die in diesem Leben lachen. Es ist daher offenkundig, daß sich einem Christen niemals die Gelegenheit bieten wird zu lachen ...«[7] Allem Anschein nach hat das abendländische Mönchtum nur diese geraffte und undifferenzierte Meinung übernommen. Gerade sie griff Benedikt von Aniane in seinem *Codex Regularum*, einer Sammlung früherer Ordensregeln, wieder auf; erst die Regel des hl. Benedikt sollte diesen *Codex* ersetzen.[8]

Der hl. Basilius (und mit ihm der hl. Johannes Chrysostomos) führte wie erwähnt einen *topos* ein, der später auch im abendländischen Mittelalter offenkundig beachtet wurde und sich zum fast unwiderlegbaren Argument gegen das Lachen entwickeln sollte: Jesus, das Vorbild, dem der Christ nacheifern muß, hat, wie das Evangelium bestätigt, in seinem irdischen Leben kein einziges Mal gelacht.[9]

An den Beispielen des Klemens von Alexandrien und des hl. Basilius erkennen wir, wie die im Denken der vorchristlichen griechischen Philosophen bestehenden Nuancen in bezug auf das Lachen und ihre Tolerierung des Lachens schwächer werden und schließlich ganz verschwinden. In manchen Fällen handelt es sich gar um eine echte Umkehrung der Werte, wie sich beispielsweise am Begriffswandel des Wortes *Eutrapelie* erweist. Aristoteles definierte den Eutrapeliker (ἀνὴρ εὐτράπελος) in seiner *Nikomachischen Ethik* (IV, 14, 1128 a) als Menschen, der gern lacht, in seinen »fröhlichen Scherzen« die »rechte Mitte zwischen dem Zuviel und dem Zuwenig« findet und zwischen tumb-zügelloser Clownerie auf der einen und übellauniger Tolpatschigkeit auf der anderen Seite steht. Die Eutrapelie galt den Griechen in vorchristlicher Zeit als menschliche Tugend, die Ernsthaftigkeit mit Fröhlichkeit zu verbinden verstand (ἐγκράτεια).

Aber bereits bei ihnen und danach auch bei den Römern begann der Begriff schrittweise so lange in eine Bedeutungsverschlechterung abzugleiten, bis die Christen unter ihm schließlich etwas ganz anderes verstanden. Die Eutrapelie wurde zum Synonym für *scurrilitas,* d.h. unpassende Possenreißerei, und *stultiloquium,* also närrisches Reden. Paulus zählt die Eutrapelie im Brief an die Epheser (Kap. 5, 4) unter die Laster, vor denen sich ein Christ hüten muß. Klemens von Alexandrien setzte sie in seinem *Pädagogen* mit schlüpfrigen Witzen während der Mahlzeiten gleich – für ihn die unheilige Allianz von Tisch, Lachen und Obszönität. Der Kirchenvater Hieronymus ordnete der Eutrapelie in seinem Kommentar über den Epheserbrief (Kap. 5, 4) die vor allem im Mittelalter geläufige Bezeichnung *jocularitas* zu und prangerte damit die derbe Sprache mancher Zeitgenossen an, die sie verwendeten, »damit sich die Zuhörer ausschütten vor Lachen« (*ut risum moveat audientibus,* PL, Bd. XXVI, col. 520a).[10]

Mit seiner Mißbilligung des Lachens distanzierte sich das Christentum klar vom Pantomimen oder Clown, dem Schauspieler in einem komischen Stück, dem Theater, dem Gestikulierenden und dem Komödianten und erhob zum neuen Helden der christlichen Gesellschaft den Menschen, der nicht lacht, also den Mönch, den das Mittelalter später als »den, der weint« *(is, qui luget)*, bezeichnete.[11]

In den *Institutiones coenobiorum* des Johannes Cassianus stehen das 9. und 10. Zeichen mönchischer Demut für die Unterdrückung des Sprechens, der lauten Stimme und des Lachens.[12] Die »Vier-Väter-Regel«, die wahrscheinlich zwischen 400 und 410 im Zisterzienserkloster von Saint-Honorat auf einer Insel der Îles de Lérins vor Cannes entstand, legt fest: »Wenn jemand beim Lachen, närrischen Dingen oder Possen überrascht wird,[13] die der Apostel Paulus im Epheserbrief (Kap. 5,4) als ›unter Christen unziemlich‹ bezeichnet, ordnen wir an, daß ein solcher Mönch im Namen des Herrn auf jeden Fall zwei Wochen mit der Geißel der Demut bestraft werde«.[14] Die orientalische Regel, die zwischen 480 und 510 unter Abt Eugen dem Heiligen im Jurakloster Condat verfaßt wurde, schreibt dem Mönch in Kapitel 17 vor, »sich durch das Gelächter von Dummköpfen und durch ihre Späße nicht ablenken« zu lassen.

Diese Regel schlägt in Kapitel 11 entsprechend der biblischen Tradition eine Brücke zwischen Lachen und Spiel und warnt gleichzeitig vor derLachlust der Frauen und Kinder, weil sie schwache und untergeordnete Geschöpfe seien: »Wenn einer der Brüder bei Lachen oder freiwilligem Spiel mit Kindern ertappt wird, soll er drei Mal verwarnt werden [...], und wenn er damit nicht aufhört, soll sein Verhalten mit einer sehr strengen Strafe korrigiert werden« (Kapitel 18).

Schließlich untersagt diese Regel auch noch das Lachen bei Tisch ausdrücklich: »Wenn jemand während des Mahles spricht oder lacht, soll er getadelt werden und Buße tun« (Kapitel 36).

Die Regel des hl. Ferreolus, Bischof von Uzès (553 bis 581), die sich auf die Mönche von Arles stützt, definiert in diesem Punkt etwas feiner. In ihrem 24. Kapitel heißt es: »Der Mönch soll nur selten lachen.«

Dasselbe gilt für die Regel des Paulus und Stephanus, eine Neuauflage der Ordensregeln Augustins. Auch die dem hl. Benedikt nahestehenden Basilius und Pachomius meinen im Kapitel 37: »Der Mönch muß Scherzen und maßloses Lachen vermeiden.«

Die Regel des hl. Columban d. J. (gest. 615) verbindet die harten Körperstrafen, zu der die Mönche auf Iona neigten, mit Nachsicht in bestimmten Fällen: »Wer in der Versammlung, d.h. im Gottesdienst heimlich lacht, wird mit sechs Schlägen bestraft. Wenn er laut lacht, wird er fasten, außer er hat es in einer entschuldbaren Form getan.«[15]

Die wichtigsten Mönchsregeln sind offensichtlich die *Magisterregel (Regula Magistri)* und die Regel des hl. Benedikt.

Die Bedeutung der *Magisterregel* ist nicht allein auf ihren Einfluß auf die Entstehung der Benediktusregel zurückzuführen, sondern auch auf die Art, wie sie die Verurteilung des Lachens in eine genuin christlich-anthropologische Ethik einbettete. Die Frage der Schüler, die den Magister veranlaßt, das Lachen zu verbieten, betrifft die Wahrung des Schweigens, die *taciturnitas,* diese wichtige geistliche Übung der Mönche: *De taciturnitate qualis et quanta debeat esse?* (»Von welcher Art und von welchem Ausmaß muß das Schweigen sein?«) In seiner Antwort verweist der Magister die Schweigepflicht in eine christliche Anthropologie zurück, die von der Betrachtung des Körpers ausgeht. Meiner Ansicht nach besteht das Interesse des Historikers insbesondere an den Einstellungen zum Lachen und ihrem Ausdruck in Theorie und Praxis zum großen Teil auf dem Mischcharakter des Lachens. Es ist ein kulturelles Phänomen, das sich durch den Körper Ausdruck verschafft; wenn wir es näher betrachten, werden wir auch die Geschichte der verschiedenen Einstellungen zum menschlichen Körper besser verstehen.[16]

Die *Regula Magistri* geht von der Prämisse aus: »Das Bauwerk des Menschengeschlechts ist unser armseliges Körperchen.« In ihm wohnt die Seele, oder – noch genauer – sie wurzelt im Herzen. Aus dieser Wurzel wachsen zwei hohe Äste, die uns über die Fenster unserer Augen und das Tor unseres Mundes mit der

Außenwelt verbinden. Über Augen und Mund kann aber auch die Sünde nach innen gelangen. Die Augen können Neidgefühle herein- und der Mund lästerliche Reden hinauslassen. Der Mund ist ein Tor, und sein Riegel sind die Zähne. Der Mensch – und ganz besonders der Mönch – muß, wenn er schweigen will, diesen Riegel vorschieben und somit die Sünde nach außen verweisen. Und wenn er das Tor seines Mundes öffnen muß, bricht er »jenen strikt eingehaltenen Ring des Schweigens«. Das darf er nur zu den erlaubten Stunden oder mit der Erlaubnis des Abtes und dann auch nur, um sich in würdigen Worten zu äußern. Alles andere, was das Tor des Mundes und das Gehege der Zähne (wie Homer sagte) passieren könnte, muß der Mönch sorgfältig bei sich behalten und zurück drängen.

Am Ende dieser ausführlichen Beschreibung der körperbedingten Struktur der menschlichen Kommunikation und den Hinweisen auf die Aufgaben und die Funktionsweise des Mundes als Kontrollmechanismus steht die ewige und unwiderrufliche Verdammung der Worte, die zum Lachen reizen, und des Lachens selbst, das sich bis zum Ende der langen Ausbildung zum Magister erhebt wie ein unheilverkündendes Laster: »Leichtfertige Späße aber, albernes und zum Lachen reizendes Geschwätz stellen wir unter ewigen Verschluß und erlauben nicht, daß der Schüler zu solchen Reden den Mund auftun darf.«[17]

Noch schärfer läßt sich das Lachverbot für Mönche nicht fassen: Das Lachen wird auf ewig in das Gefängnis unseres armseligen kleinen Körpers *(corpusculum)* verbannt!

Wie es seinem Wesen entspricht, urteilt der wegen seiner *discretio* so hoch gerühmte Benedikt in diesem Punkt differenzierter als die *Regula magistri.*[18] Seine Regel geht insgesamt viermal auf das Lachen ein.

Im 4. Kapitel über »Die Werkzeuge der geistlichen Kunst« verbietet er das Lachen zweimal, zunächst im Zusammenhang mit dem »bösen und verkehrten Reden« und – darauf folgend – mit maßloser Geschwätzigkeit. Ihm zufolge hat man sich solcher Worte zu enthalten, die Lachen provozieren könnten.[19] Danach verurteilt er zu häufiges oder gar exzessives Lachen und empfiehlt statt dessen das tägliche Gebet, untermischt mit Tränen und Seufzen.[20] Im 6. Kapitel über die *taciturnitas* verdammt auch er mit den gleichen Worten wie die *Magisterregel* das Lachen.[21] In Kapitel 7 über die Demut schließlich definiert Benedikt den zehnten Grad der Demut des Mönchs durch die Weigerung, sich leichtfertig zum Lachen reizen zu lassen,[22] und den elften Grad durch sanftes, schlichtes, ernsthaftes, seltenes und vernünftiges Reden ohne Geschrei und Gelächter.[23]

Wir halten fest: Die griechischen Mönchsväter verknüpften die mönchische Demut von Anfang an mit dem Verbot zu lachen. Die *Magisterregel* hingegen ordnete sie eher dem Kapitel über die *taciturnitas* und damit einem mehr rituell-formalen Kontext zu, obwohl das Schweigen eine spirituelle Askese war. Der hl. Benedikt gliederte das Lachverbot wieder in den Bereich einer innerlicheren und tieferen Form mönchischer Selbstbeherrschung, eben der Demut, ein.

Wie jede religiöse und moralische Vorschrift fand auch das Verbot des Lachens für Mönche seine Begründung in der Heiligen Schrift. Abgesehen vom Beispiel Jesu, der dem Evangelium zufolge nicht gelacht hat, stützte es sich bei der Verurteilung des Lachens im Kloster auf eine ganze Sammlung von Hinweisen in der Bibel.

Das biblische Schriftgut über das Lachen findet sich bereits in den *Längeren Regeln* des hl. Basilius, dem gewissermaßen ersten paradigmatischen Text über die Pflichten eines Mönchs. Basilius nennt folgende Zitate:

Genesis 21, 6:

»Und Sara sprach: Ein Lachen hat mir Gott geschaffen; jeder, der davon vernimmt, wird meinetwegen lachen.«

Hiob 8, 21:

»Er wird deinen Mund noch mit Lachen erfüllen und deine Lippen mit Jubel.«

Sprüche 15, 13:

»Ein fröhlich Herz macht auch das Antlitz heiter, jedoch bei Herzeleid ist das Gemüt bedrückt.«

Prediger 2, 2:

»Vom Lachen mußte ich sagen: Unsinn! Und von der Freude: Was nützt sie?«

Prediger 7, 6:

»Denn wie das Knistern der Dornen unter dem Kessel, so ist das Lachen des Toren. Auch das ist Wahn.«

Lukas 6, 6:

»Selig seid ihr, die ihr jetzt weint, denn ihr werdet lachen.«

Lukas 6, 25:

»Wehe euch, die ihr jetzt lacht, denn ihr werdet klagen und weinen.«

Diese Sammlung ist ausgewogen, selbst wenn das Buch Prediger das Lachen verpönt. Dafür aber bejubelt Sara im 1. Buch Mose (Genesis) die Weisheit Gottes, der ihr diesen spätgeborenen Sohn geschenkt hatte, und der wegen ihres lauten Lachens, mit dem sie Gottes Weissagung aufgenommen hatte, auf den Namen *Isaak,* d. h. »Lachen« getauft worden war. Auch Hiob erinnert an den Augenblick, als Gott ihm, dem Gerechten, den Mund mit Lachen füllte und seine Lippen mit Jubel bedeckte. Das »Buch der Sprüche« wägt ein fröhliches Herz, das Lachen in ein Gesicht zaubert, gegen die Trauer der Seele ab, die den Geist niederdrückt, und die beiden Verse aus dem Lukasevangelium, die diejenigen glücklich preisen, die auf Erden weinen, weil sie im Himmel lachen werden, halten sich die Waage.

Der hl. Benedikt stützt seine Verurteilung des Lachens auf nur drei Bibelzitate, wobei nur eine Stelle explizit vom Lachen spricht: *In multiloquio non effigitur peccatum* (»Bei vielem Reden bleibt Verfehlung nimmer aus ...«, Sprüche 10, 19), *vir linguosus non dirigitur super terram* (»Ein Mann mit böser Zunge habe im Land keinen Bestand ...«, Psalmen 140, 12) und *stultus in risu exaltat vocem suam* (»Der Tor erhebt beim Lachen seine Stimme ...« Sirach 21, 20). Alle drei Zitate beurteilen das Lachen abfällig.

In Kapitel 55 (*De risu et de fletu*) seines *Liber scintillarum* vereint Defensor von Ligugé im 7. Jahrhundert die wahrscheinlich reichhaltigste Sammlung über das Lachen der Mönche im Hochmittelalter, denn er fügt zwölf Bibelstellen noch zwei Zitate Augustins, drei von Hieronymus, je zwei von Gregor dem Großen und Isidor von Sevilla und eine Bemerkung von Basilius an, die deutlich länger ausfällt als alle anderen Zitate.[24] Defensor vermischt dabei wie Basilius die Zitate, die

die Freude und implizit das Lachen bejubeln, mit solchen, die häufig ganz explizit das Lachen strengstens verurteilen.[25]

Hier ist nicht der Ort für eine komplette Aufzählung aller Bibelstellen bezüglich des Lachens in den Klosterordnungen und Schriften der Mönche im Hochmittelalter. Begnügen wir uns also mit dem Verweis auf eine derzeit entstehende Untersuchung, welche deutlich mehr Hinweise auf schriftliche Quellen enthält, die vor dem Lachen warnen. Entsprechend einer üblichen und die Entwicklung von Mentalitäten und Empfindungen im Hochmittelalter erhellenden Technik wählte jeder aus der Bibel mehr oder weniger das aus, was seinen Ansichten diente; Aufforderungen zu Freude und Lachen wurden dabei oft mit Stillschweigen übergangen.

So tauchen am häufigsten offenbar die bereits bei dem hl. Basilius erwähnten und das Lachen verurteilenden Bibelzitate auf: Im Buch Prediger (Kap. 2,2) wird das Lachen als Irrtum und die Freude als Täuschung bezeichnet; das Geräusch des hohlen Lachens des Narren wird mit dem Knistern verbrennender Dornenzweige unter dem Kochtopf verglichen (Prediger Kap. 7,6), und Lukas verwünscht die Lacher als diejenigen, die künftig weinen werden (Kap. 6,25). Aber bei der häufig unvollständig zitierten Lukasstelle (Kap. 6,21), wo zu lesen ist »Selig, die ihr hier weint«

zeigt sich das unlautere Spiel mit verstümmelten Zitaten, denn die auf die Seligpreisung unmittelbar folgende Zeile »... denn ihr werdet lachen« wurde schlicht unterschlagen. Die gleiche Manipulation erkennen wir in dem während des Hochmittelalters häufig zitierten Satz aus Prediger Kap. 3,4: »Es gibt eine Zeit [...] zu weinen ...«, ohne daß der zweite Satzteil ergänzt wird »... und eine Zeit zu lachen«.

Diesen Zitaten könnte man noch andere, weit verbreitete Äußerungen hinzufügen, auf die wir in der Regel des hl. Benedikt stoßen, z.B. aus dem Buch Sirach *Stultus in risu exaltat vocem suam* (»Der Tor erhebt beim Lachen seine Stimme«, Sir. Kap. 21,20), wo man den zweiten Teil des Zitats ergänzen müßte *vir autem sapiens vix tacite ridebit* (»...der Kluge aber lächelt kaum vernehmbar«). Bei Defensor von Ligugé finden wir den Satz aus dem Jakobusbrief (Kap. 4,9): *miseri estote et lugete et plorate, risus vester in luctum convertetur et gaudium in maerorem* (»Fühlt eure Not und tragt Leid und weint! Euer Lachen verwandle sich in Klage und eure Freude in Betrübnis«), den Vers aus dem Buch der Sprüche (Kap. 14,13): *risus dolore miscebitur, et extrema gaudii luctus occupat* (»Beim Lachen selbst grämt sich das Herz, und Leid ist aller Freude Ende«) oder schließlich jenen anderen Vers ebenfalls aus dem Buch der Sprüche (Kap. 10,23): »Schandtat macht dem Toren Freude« (*Quasi per risum stultus operatur scelus*).

Wenn wir also die für das Lachen der Mönche relevanten biblischen Verweise zwischen dem 5. und dem 7. Jahrhundert gewichten, erscheinen die Tendenz einer negativen Beurteilung des Lachens und die Gegenüberstellung des heilsamen Werts der Tränen eindeutig.

Noch offenkundiger aber wird sie, wenn wir die von den Mönchen des Hochmittelalters verwendeten Bibelzitate mit einer Realkonkordanz auf der Basis einer gründlichen Sortierung von Bibelstellen vergleichen, die sich mit dem Lachen beschäftigen.[26] Wahrscheinlich ergab es sich aus den alltäglichen Vorschriften des mönchischen Lebens, daß man das Lachen manchmal milder beurteilte. In diesem Sinn wurden zwar nur das höhnische und herrisch laute Lachen *(subsannatio, risum cum cachinnis)*, das übermäßige, und, weil die klösterliche Stille störend, als unangebracht betrachtete Lachen sowie das zotige Gelächter weiterhin mit aller Schärfe verboten; trotzdem blieb die generelle Neigung, das Lachen zu unterdrücken, weiterhin unverkennbar bestehen. Im übrigen ist es bemerkenswert, daß in diesen Abstufungen des Lachens eine Unterscheidung nicht auftaucht, auf die die Bibel größten Wert legt, nämlich der Unterschied zwischen dem erlaubten Lachen als dem schlichten Ausdruck von Wohlbefinden und Freude oder aus Vorahnung der Freuden des Paradieses und dem bösen oder mokanten Lachen, das vor allem in der Vulgata mit den Komposita *irridere* und *deridere* ausdrückt wird und als höhnisch herabsetzendes Gelächter im Widerspruch zum Gebot der christlichen Nächstenliebe steht. Zwei Worte stehen für die beiden Auffassungen, die im hebräisch verfaßten Alten Testament diese beiden Arten zu lachen von Anfang an unterschieden: צחק (sahak) und לעג (la´ag).

Die Scholastik griff im 13. Jahrhundert die ursprüngliche Unterscheidung zwischen den beiden Formen des Lachens wieder auf und füllte sie mit neuem Inhalt. Auch sie trennte das gute, d.h. das schlicht natürliche oder das die Vision vom Himmelreich ankündigende Lachen von dem absichtlich bösen und bissigen Lachen – sie machte sich mit anderen Worten die alttestamentarische Unterscheidung zwischen dem guten und dem bösen Lachen wieder zu eigen. Mit dem Bild des »lachenden« und »spielenden Menschen« (*homo ridens, homo ludens*) stellte sie auch die positiven Verbindungen zwischen Lachen und Spiel wieder her, die das Hochmittelalter in eine Verurteilung von beidem gewendet hatte.

Es bleibt noch eine Frage, die hier allerdings nur gestreift werden kann: Galt das Lachen in der konkreten Realität als genauso anstößig wie in den hauptsächlich normativen Bibeltexten? Der Historiker darf sich nicht damit begnügen, Idealvorstellungen zu ergründen und Werte zu erkennen, ohne sich zu fragen, wie sie in die Realität konkret umgesetzt wurden. Oder, um im monastischen Milieu zu bleiben: Haben die Mönche im Hochmittelalter gelacht, und wenn sie lachten, haben sie es bereut?

Eine erste Antwort findet sich in den noch stark normativen Texten der *Viten* von Heiligen in der Kutte. Dafür zwei Beispiele, nämlich die »Vita des heiligen Martin« und die »Vita Sancti Eugendi«, einem der Juraväter.

In der Lebensbeschreibung des hl. Martin konzentriert sich Sulpicius Severus auf zwei Aspekte Martins, der als fast schon entrücktes Wesen kaum mehr die für die menschliche Natur typischen Gemütsbewegungen verriet: Martin war nie wütend, aufgeregt oder traurig und wurde nie lachend gesehen.[27] Sein Verhalten prägten Demut und Bußfertigkeit, und weil sich in seiner Zeit damit Verdienste erwerben ließen, lachten seine Spötter auch über ihn – mehr noch: Martin wurde zum Märtyrer des Gelächters. Seine Zeitgenossen mußten einfach über ihn lachen, wenn er seinen Mantel mit dem Bettler teilte. Seine Gegner, die seine Wahl zum Bischof verhindern wollten, strichen gerade sein zum Gelächter reizendes Aussehen, seine schmutzigen Kleider und seine unordentlichen Haare heraus.[28] Der hl. Eugen verkörperte denselben hagiographischen *topos* von Unerschütterlichkeit wie Martin: »Vom Geist [Christi] erleuchtet, der in ihm wohnte, lag auf seinem Gesicht große Freude, und auch ihn sah man nie traurig, aber auch nie lachen.«[29] Sein Verzicht auf die falschen Formen der Freude wie das Lachen wurde durch das intensive Glück der Ekstase ausgeglichen.

Ein schließlich realitätsgetreueres Bild der Mönche im Hochmittelalter liefern die vielen Schriften, die sich uns unter der Bezeichnung *joca monachorum* bis auf den heutigen Tag erhalten haben.[30] Sie zeigen unsere Klosterbrüder zwar nicht ständig weinend, aber doch als Männer von unerschütterlicher Ernsthaftigkeit. Diese »Spiele« und »lustigen Geschichten« der Mönche bestehen eigentlich aus Listen von Rätseln in Frage und Antwort, an denen sich die Mönche außerhalb ihrer täglich verordneten Schweigezeit ergötzten, weil ihnen die strengen Regeln nicht jegliche Zerstreuung verboten. Obwohl diese Rätsel vor allem ein didaktisches Ziel verfolgten, lassen sie sich als vergnüglicher Katechismus und unterhaltsame, vor allem auf Bibelfestigkeit bezogene Gedächtnisübung lesen. Als eine Art Katalog unglaublicher und wunderbarer Taten oder Neuauflage des uralten Rätselspiels in einer ungefährlicheren Form als noch zu Zeiten der Sphinx oder Samsons (Richter Kap. 14, 12–18) bezeugen sie, daß diese Athleten Gottes auch die andere Vorstellung über das Lachen kannten, die das Christentum von Aristoteles geerbt hatte, und der zufolge das Lachen eine von Grund auf menschliche Eigenschaft *(proprium hominis)* ist. Der Mönch als Inbegriff des weltflüchtigen, »weinenden Menschen« *(homo lugens)* zeigte manchmal auch das heitere Gesicht des *homo risibilis,* also des Menschen, der im Unterschied zu allen anderen Lebewesen zu lachen vermag.

Anmerkungen

Das Lachen im Mittelalter

* Zum ersten Mal veröffentlicht in: *Cahiers du Centre de Recherches historiques,* einer Reihe der »Ecole des Hautes Etudes en Sciences sociales», am 3. April 1989, S. 1–14.

1 Vgl. J. Morreall, *Taking Laughter Seriously,* State University of New York, Albany 1983.

2 Vgl. F. Ceccarelli, *Sorrise e riso. Saggio di anthropologia biosociale,* Turin 1988.

3 Vgl. Ch. Baudelaire, »De l'essence du rire et généralement du comique dans les arts plastiques», dt. Übers. »Vom Wesen des Lachens und allgemein von dem Komischen in der Bildenden Kunst« in: *Sämtliche Werke/Briefe,* Bd.1, Darmstadt 1977, S. 284–305 – ein sehr wichtiger Beitrag.

4 Vgl. Fernand Vercauteren, »Avec le sourire ...«, in: *Mélanges offerts à Rita Lejeune, Professeur à l'Université de Liège,* Bd. I, Gembloux 1969, S. 45–56.

Lachen und Ordensregeln im Hochmittelalter

* Zum ersten Mal veröffentlicht in: *Mélanges Pierre Riché. Haut Moyen Âge. Culture, éducation et société,* Nanterre 1990, S. 93–103.

5 Vgl. Klemens von Alexandrien, »Über das Lachen», in: *Werke* Bd. 1, 1. *Protrepticus und paedagogus,* hrsg. und übersetzt von Otto Staehlin, 3. durchges. Auflage, Berlin 1972.

6 Vgl. Basilius Caesariensis, *Codex Regularum*. Der griechische Text von Basilius wurde von Rufinus von Aquileja ins Lateinische (*Ascetion magnum: Regulae fusius tractatae et Regulae brevius tractatae, PG* 31, 901–1305: *Quod oportet etiam risum continere*) und von K. S. Frank, *Basilius von Caesarea. Die Mönchsregeln*, ins Deutsche übersetzt (St. Ottilien 1981); vgl. auch D. Armand, *L'Ascèse monastique de saint Basile. Essai historique*, Mardesous 1948, S. 199; B. Steidle, »Das Lachen im alten Mönchtum», in: *Benediktinische Monatsschrift* 20 (1938), S. 271–280 und P. M. Alexander, »La prohibición de la risa en la Regula Benedicti« in: *Regulae Benedicti Studia. Annuarium Internationale* 5, Hildesheim 1977, S. 240–242.

7 Vgl. P. M. Alexander, ebd., S. 241.

8 Vgl. Benedictus Anianus, *Codex regularum monasticarum et canonicarum*, XI: S. Basilii episcopi Caesariensis. Interrogatio LIII: »*Si ex toto ridere non licet.* Responsio: *Cum Dominus eos, qui nunc rident condemnet, manifestum est quia numquam tempus est risus fideli animae* ...« *PL*, Bd. CIII col. 515.

9 Basilius schreibt: »*Gott hat sich, wie uns das Evangelium lehrt, aller körperlichen Leiden angenommen, die wie die Mühsal mit der menschlichen Natur untrennbar verbunden sind. In ihm wohnen aber auch alle die Tugend eines Menschen erweisenden Gefühle, z.B. hat er sich leidenschaftlich aller Bedrängten erbarmt. Dennoch hat er, wie die Berichte aus dem Evangelium beweisen, dem Lachen stets widerstanden* [Basilius spielt hier auf Lukas, 6,25 an: »Weh euch, die ihr jetzt lacht, denn ihr werdet klagen und weinen.«] *Er erklärte im Gegenteil diejenigen für unglücklich, die sich vom Lachen beherrschen lassen.*» (vgl. Basilius, *Regulae fusius tractatae*, 17). Zum Thema »Jesus hat in seinem Leben nicht ein einziges Mal gelacht» vgl. Ernst Robert Curtius, »Die Kirche und das Lachen», in: *Europäische Literatur und lateinisches Mittelalter*, Bonn/München [8]1973, S. 421–423.

10 Vgl. H. Rahner, »Eutrapelie, eine vergessene Tugend«, in: *Geist und Leben*, 27, 1954, S. 346–353 und *Dictionnaire de Spiritualité*, Paris 1961, Bd. IV/2, S. 1726–1729. Die Würde des antiken Begriffs tauchte später im 13. Jahrhundert in seiner christlichen Ausprägung wieder in der Deutung auf, die ihm Thomas von Aquin in

seinem Kommentar zur *Nikomachischen Ethik* des Aristoteles (IV, 16) zuerkannte, als er den Sinn des griechischen Wortes gerade mit der »Eigenschaft, Heiterkeit zu entwickeln» oder »ein höflicher und ehrlicher Mensch zu sein», wiedergab: »*moderate autem ludentes eutrapelie appelantur, puta, bene vertentes*» und zusätzlich mit: »*qui concinne et lepide iocis utuntur, eutrapeloi, id est faceti et urbani nominantur, quasi eutropoi, id est flexibili ac versatili ingenio praedidit*«. Gemeint sind also Heiterkeit und Höflichkeit – welch eine Rehabilitation des aufrichtigen Lachens!

11 Vgl. I. M. Resnick, »*Risus monasticus.* Laughter and Medieval Monastic Culture«, in: *Benediktinische Monatsschrift* 97 (1987), S. 90–100; G. Schmitz, »... quod rident homines, plorandum est. Der ›Unwert‹ des Lachens in monastisch geprägten Vorstellungen der Spätantike und des frühen Mittelalters«, in: *Stadtverfassung – Verfassungsstaat – Pressepolitik. Festschrift für Eberhard Naujoks,* Sigmaringen 1980, S. 3–15 und den bereits zitierten Beitrag von Basilius in: Steudle, S. 1359, Anm. 2.

12 Johannes Cassianus, *Frühes Mönchtum im Abendland,* Bd. 1 *Lebensformen,* hrsg. von Karl Suso Frank, Zürich/München 1975, S. 191: »... neuntens, wenn einer seine Zunge beherrscht und nicht mehr laut redet; zehntens, wenn einer nicht leichthin und schnell lacht«. Über die Sprachsünden und ihre Unterdrückung im Mittelalter siehe C. Casagrande und S. Vecchio, *I peccati della lingua. Disciplina e etica della parola nelle cultura medioevale,* Rom 1987.

13 Vgl. die Regel der Vier Väter: »in risu vel in scurrilitate«, *PL,* Bd. 103, S. 440.

14 Über die Regeln der Vier Väter, die »Regula orientalis« und diejenigen des hl. Ferreolus, Paulus und Stephanus siehe *Règles monastiques d'Occident (IV–VI siècle) d'Augustin à Ferréol,* übersetzt und mit einer Einführung und Anmerkungen versehen von V. Desprez, Vorwort von A. de Vogüé »Vie monastique«, 9, Abbaye de Bellefontaine, Departement Maine-et-Loire 1980.

15 Vgl. *Regula Sancti Columbani, PL* Bd. LXXX, S. 217: »*Et qui subridens in synaxi, id est in cursu, sex percussionibus; si in sonum risus eruperit, suppositione, nisi veniabiliter contigerit.*«

16 Vgl. *Regula magistri*, dt. *Die Magisterregel*, übersetzt und mit einer Einführung versehen von Karl Suso Frank, St. Ottilien 1989, S. 118–122.

17 Vgl. Karl Suso Frank, *ebd.*, S. 127: »*Scurrilitas vero vel verba otiosa et risum moventia aeterna clusura damnamus et ad talia eloquia discipulum non aperire os permittimus.*«

18 Vgl. *Die Regel des heiligen Benedikt*, hrsg. im Auftrag der Salzburger Äbtekonferenz, Beuron 1990, 4, 53 und 4, 54 (S. 44), 6, 8 (S. 49), 7, 59 (S. 57). Von der Regel des heiligen Benedikt existiert auch eine französische Edition von A. de Vogüé und J. Neufville, sechs Bände in der Sammlung *Sources chrétiennes*; besonders hinzuweisen ist auf die vorzügliche Anmerkung 2 auf S. 1359 in dem Sonderband der Sammlung »Commentaire doctrinal et spirituel« von P. M. Alexander, Paris 1971–1972.

19 Vgl. Karl Suso Frank, *Die Regel des heiligen Benedikt*, S. 44:
»... 51 *Seinen Mund vor bösen und verkehrten Reden hüten.*
52 *Das viele Reden nicht lieben.*
53 *Leere und zum Gelächter reizende Worte meiden.*«

20 Vgl. *ebd.*, S. 44:
»... 54 *Häufiges oder ungezügeltes Gelächter nicht lieben.*
[...] 57 *Seine früheren Sünden unter Tränen und Seufzen täglich im Gebet Gott bekennen.*«

21 Vgl. Anm. 17.

22 Vgl. Karl Suso Frank, *Die Regel des heiligen Benedikt*, S. 57:
»... 59 *Die zehnte Stufe der Demut:*
Der Mönch ist nicht leicht und schnell
zum Lachen bereit;
steht doch geschrieben:
›Der Tor bricht in schallendes Gelächter aus.‹«

23 Vgl. *ebd.*, S. 57:
»...60 *Die elfte Stufe der Demut:*
Der Mönch spricht, wenn er redet,
ruhig und ohne Gelächter, demütig und mit Würde
wenige und vernünftige Worte
und macht kein Geschrei. ... «

24 Vgl. Defensor von Ligugé, *Liber scintillarum* (frz. *Le Livre d'étincelles*), II, Kap. 55: »De risu et de fletu«, hrsg. von H. Rochais in der Sammlung *Sources chrétiennes.*

25 Die biblischen Zitate sind im einzelnen: Matthäus 5,5; Lukas 6,25; 2. Brief des Paulus an die Korinther 13,11; Brief des Jakobus 4,9; Das Buch der Sprüche 15,13; 15,30; 17,22; 14,13; 10,23; 14,6; 19,29; Das Buch Sirach 21,23.

26 Vgl. G. Webster, *Laughter in the Bible*, St. Louis 1960; Chaim W. Reines, »Laughter in Biblical and Rabbinic Literature« in: *Judaism* 21, (1972), S. 176–183; I. M. Resnick, »Risus monasticus«, *a.a.O.* III: *Laughter and the God Incarnate*, S. 96f.; Art. »Rire« in: *Dictionnaire encyclopédique de la Bible*, S. 572f.; P. Beauchamps, Art. »Rire« in: X. Léon-Dufour (Hrsg.), *Vocabulaire de théologie biblique*, 2. durchges. und erw. Aufl., Paris 1970, S. 1131f.; X. Léon-Dufour, Art. »Rire« in: *Dictionnaire du Nouveau Testament*, Paris 1975, S. 470; Privatsammlung Jacques Le Goff, »Verbal- und Realkonkordanz« für das Neue Testament.

27 Sulpicius Severus, *Vita Martini* c. 27 (CSEL 1, 1866, S. 136f.): »*Nemo umquam illum vidit iratum, nemo commotum, nemo maerentem, nemo ridentem: unus idemque fuit semper, caelestem quodammodo laetitiam vultu praeferens extra naturam hominis videbatur.*« Deutsche Übersetzung in: Karl Suso Frank, *Frühes Mönchtum im Abendland*, Bd. 2: *Lebensgeschichten*, Zürich/München 1975, S. 51f.

28 *Ebd.*, S. 15.

29 Vgl. »Vie de saint Oyend« (S. Eugendi) in: *Vies des Pères du Jura*, hrsg. von F. Martine in der Sammlung *Sources chrétiennes*, 142, Paris 1968: *Habeat autem, nimirum habitatore illustrante, magnam et in vultu laetitiam; nam sicut illum tristem nemo unquam vidit, ita ridentem nullus adspexit.* (Kap. 168, S. 418).

30 Über die *joca monachorum* vgl. F. Brunhölzl, *Geschichte der lateinischen Literatur des Mittelalters*, München 1975, 1, S. 147ff. und S. 527ff.; P. Lehmann. *Die Parodie im Mittelalter*, Stuttgart ^{2}1963, S. 10f.; J. Dubois, »Comment les moines du Moyen Âge chantaient et goûtaient les Saintes Ecritures« in: P. Riché, G. Lobrichon, *Le Moyen Âge et la Bible*, Paris 1984, S. 264–270.

Nachwort

Plädoyer für eine Geschichte des Lachens

VON ROLF MICHAEL SCHNEIDER

Eins aber weiß ich, von dir selber lernte ich's einst, oh Zarathustra: wer am gründlichsten tödten will, der lacht. ‚Nicht durch Zorn, sondern durch Lachen tödtet man' – so sprachst du einst.

Friedrich Nietzsche, 1885

Unter den unzähligen Geschichten, die Historiker geschrieben haben, bilden solche über das Lachen immer noch eine Ausnahme. Woran mag es liegen, daß ein anthropologisch und kulturgeschichtlich so wichtiges Phänomen wie das Lachen von den Historikern bisher so wenig beachtet wurde? Auf diese Frage ließen sich sicher viele Antworten geben; Antworten, die wahrscheinlich vor allem die Traditionen und Interessen, aber auch die Methoden und Modelle beträfen, die Historiker prägen, wenn sie Geschichte schreiben. Noch immer tun sich viele Historiker schwer, das Lachen als einen Forschungsgegenstand ihrer Disziplin anzuerkennen und es in seiner historischen Funktion ernst zu nehmen: als äußerst sensible Membran des sozialen und kulturellen Verhaltens einer Gesellschaft. Aber es gibt Ausnahmen wie den französischen Historiker Jacques Le Goff, dessen Entwurf einer Geschichte des Mittelalters gerade auch durch die Berücksichtung von so komplexen Phänomenen wie dem Lachen und den Körperbildern des Menschen ein hohes Maß an geschichtlicher Überzeugungskraft gewinnt. In dieser anthropologischen Blickweise erweist Jacques Le Goff seine intellektuelle Herkunft von der Pariser Schule der *Annales*. Die Interessen ihrer Vertreter kreisen besonders um den Menschen, und zwar in allen anthropologischen und historischen Dimensionen: etwa um seine Triebe und Emotionen, seine Physiologie und Körperbilder, seine sozialen und mentalen Strukturen.

Diese Interessen sind es, die auch meine Auseinandersetzung mit der Geschichte des Lachens im Mittelalter von Jacques Le Goff leiten. Ich möchte zeigen, wie befreiend und gewinnbringend die Perspektiven von Jacques Le Goff sind – und zwar für jede historische Beschäftigung mit dem Lachen. Als roter Faden dienen mir hier seine Ansätze und Thesen. An sie knüpfe ich in meinen Überlegungen immer wieder an: so an die Verbote und Regeln des Lachens im monastischen Milieu, die höfische Lachkultur, die Relation von Lachen und Körper, das Lachen in der Theologie des Alten Testaments, Lachen und Sexualität. Außerdem möchte ich ein Medium ansprechen, das die Überlegungen von

Jacques Le Goff in einen weiteren historischen Zusammenhang stellt. Gemeint sind die visuellen Zeugnisse des Mittelalters, die über das Lachen sprechen. Dabei urteile ich nicht aus der Perspektive eines Spezialisten für das Mittelalter, sondern nutze die Distanz und Spielräume meiner eigenen Disziplin, der Klassischen Archäologie.

Jacques Le Goff hat die zentrale Bedeutung des Lachens für die Geschichte des Mittelalters aus vielen Blickwinkeln entwickelt. Ihn interessieren nicht nur die normativen Einstellungen und theoretischen Stellungnahmen einer Gesellschaft im Zusammenhang mit dem Lachen, sondern auch seine verschiedenen Formen und unterschiedlichen Funktionen. Lachen ist für Jacques Le Goff grundsätzlich beides: ein kulturelles Phänomen, das in jeder Gesellschaft neu verhandelt wird, und ein soziales Phänomen, das mindestens zwei Personen voraussetzt, die im Horizont konventioneller Regeln miteinander oder auch übereinander lachen. Damit ist zugleich eine der historischen Zielsetzungen von Jacques Le Goff umrissen. Er möchte mehr wissen über das komplexe Zusammenspiel von heterogenen gesellschaftlichen Faktoren, die das Lachen mitprägen: insbesondere den Wertvorstellungen, den Mentalitäten, den Verhaltensnormen und der Ästhetik. Aber die Vielschichtigkeit dieser Thematik macht, wie er bekennt, eine historische Analyse schwierig, auch deswegen, weil sie uns nur durch den medialen Filter der Sprache zugänglich ist.

Vom Verbot zur Regel

Entscheidende Impulse für seinen Entwurf über das Lachen verdankt Jacques Le Goff dem 1948 erschienenen Buch *Europäische Literatur und das lateinische Mittelalter*. Der Romanist Ernst Robert Curtius betont hier das auffällige Nebeneinander zweier Einstellungen zum Lachen in der mittelalterlichen Christenheit. Die eine Einstellung betrifft ein theologisches Dogma, das bereits im 4. Jahrhundert entwickelt wurde und bis zum Ende des Mittelalters in Geltung blieb: Nach dem Zeugnis des Neuen Testaments habe Jesus in seinem Leben nicht ein einziges Mal gelacht. »Damit war das Lachen dem Vorbild des perfekten Menschen, das Jesus in seiner irdischen Gestalt ja verkörpert hatte, fremd« (S. 48). Die andere Einstellung geht auf einen berühmten Lehrsatz des Aristoteles zurück (*de partibus animalium* 3, 10 = 673a, 8), der ebenfalls im gesamten Mittelalter galt: »von den Lebewesen lacht allein der Mensch« (τὸ μόνον γελᾶν τῶν ζῴων ἄνθρωπον). Auf diese so einflußreiche Definition des menschlichen Wesens gründete sich die bekannte Vorstellung vom *homo risibilis* des christlich-lateinischen Mittelalters. Der

Widerspruch zwischen diesen beiden Einstellungen hat Jacques Le Goff besonders fasziniert und seiner Untersuchung zum Lachen im Mittelalter weitere historische Wege gewiesen.

Dieses Dilemma, so seine These, suchten kirchliche Kreise auf unterschiedliche Weise aufzulösen. In einer ersten Phase, die von der Spätantike bis etwa zum 10. Jahrhundert reicht, war man bemüht, die Gefahr des Lachens vor allem durch Verbote und Restriktionen abzuwehren. Besonders nachhaltig hat hier die Auffassung des frühchristlichen Gelehrten Klemens von Alexandria (gest. um 215) gewirkt, der das Lachen ganz der Herrschaft des Verstandes unterwirft und es dabei radikal reglementiert (*Paidagogos* 5, 2). In diese Richtung zielen auch die Ordensregeln seit dem 4. Jahrhundert. Synchron dazu entwickelte sich eine weitere Inhibition, die Jacques Le Goff phänomenal auf das Lachverbot bezieht: Mit der Unterdrückung des Lachens kam es auch zu einer Unterdrückung von Träumen. Indes: Durch die literarische Gattung der *joca monacorum*, einer Art vergnüglicher Katechismus, gab es aber auch einen Kontrapunkt; jenseits des Lachverbots existierte in den Klöstern zugleich eine lebendige Praxis des Lachens. Selbst das strenge christliche Lachverbot also unterlag der grundsätzlichen Ambivalenz des Lachens – und entfaltete seine Wirkung nicht zuletzt durch das Ventil einer okkasionell befreienden Gegenposition.

Solche gegensätzlichen Kräfte lieferten in der Geschichte der Kulturen oft eine notwendige Grundlage für gesellschaftliche Normen. Ein besonders aufschlußreiches Beispiel dafür ist das antike Sparta. Nach einer Überlieferung des lakonischen Schriftstellers Sosibios (3. Jahrhundert v. Chr.) soll ausgerechnet der spartanische König Lykurg, schon in der Antike der Inbegriff äußerster Strenge, »dem Gott des Lachens (Γέλως) ein kleines Standbild errichtet (haben)... Und Lykurg hat den Scherz zur rechten Zeit in die Gelagekultur (συμπόσια) und in ähnliche Formen gemeinsamer Vergnügungen eingeführt, um das mühselige und strenge Leben zu versüßen« (überliefert bei Plutarchus, *Lycurgus* 25, 2). In der Plutarch-Vita über den spartanischen König Kleomenes heißt es ergänzend dazu: »Bei den Lakedaimoniern gibt es nicht nur Heiligtümer des Gottes der Furcht (Φόβος), sondern auch des Todes (Θάνατος) und des Lachens (Γέλως) und anderer solcher Zustände, die einen befallen (*Cleomenes* 9, 1). Beide Äußerungen belegen, wie stark in Sparta der politische Wille ausgeprägt war, elementare Bedingungen und Triebkräfte des Menschen rituell einzubinden und gesellschaftlich zu kontrollieren; namentlich das Lachen, das in seiner anthropologischen Ambivalenz ohnehin eng mit Furcht und Tod verbunden ist.

Kehren wir wieder zum Mittelalter zurück. In einer

zweiten Phase, die im 11. Jahrhundert beginnt, gehen kirchliche Kreise mehr und mehr dazu über, das Lachen durch Definition zu kontrollieren – was in der Antike bereits Aristoteles gelehrt hatte. Wohl unter der Federführung dominikanischer und franziskanischer Mönche wurde fortan zwischen erlaubtem und unerlaubtem, zwischen moralisch gutem und moralisch schlechtem Lachen differenziert. Gleichzeitig kam es auch außerhalb der Klostermauern zu grundsätzlichen Veränderungen. »Die Gesellschaft gewöhnte sich daran, sich in einem Spiegel zu betrachten, und die weltlichen Stände erkannten darin ihr zum Lachen reizendes Bild. Daraus entwickelte sich Satire und Parodie und, auf seiten der Kirche, die Zähmung des Lachens in den Träumen wie in den Gebärden« (S. 39).

Lachende Herrscher

In einer dritten Phase, die im 12. Jahrhundert einsetzt, betritt das scholastische Lachen die Bühne, und mit ihm die Kasuistik des Lachens: Wer darf wann, warum und wie lachen? Zeiten für das Lachen hatte etwa der französische König Ludwig IX. der Heilige (1224 bis 1270) festgelegt. Offenbar angetan von der aufkommenden höfischen Lachkultur, hatte er beschlossen, nur am Freitag nicht zu lachen. Ludwig der Heilige entsprach zugleich dem neuen mittelalterlichen Herrscherideal des *rex facetus*, des heiteren Königs. Der *rex facetus* etablierte mit seinem eigenen Beispiel das Lachen als eine neue, zentrale Umgangsform am Hof – das eigens engagierte Narren, Gaukler und Possenreißer auf ihre Weise verstärkt haben. Jacques Le Goff zog daraus den wichtigen Schluß, daß dadurch das »Lachen fast ein Herrschaftsinstrument wurde, in jedem Fall aber ein Attribut der Macht« (S. 21). Für die Diskurse über die Beherrschung des Lachens im Mittelalter rückte das Vorbild höfischer Lachsitten immer mehr in den Vordergrund.

Die neue Lachkultur der mittelalterlichen Könige hatte einen alten Vorläufer. Es waren hellenistische Herrscher, die zum ersten Mal eine höfische Lachkultur im Raum des späteren Europa geschaffen hatten. Ihr Lachen war Ausdruck des neuen Herrscherideals der dionysischen Tryphe, eines im Horizont christlich geprägter Kategorien kaum übersetzbaren Verhaltens, an dem Vorstellungen von rauschhafter Lebenslust, kollektiver Festkultur und äußerstem Überfluß hafteten. Die selbstverständliche Wertschätzung des Ideals der Tryphe bezeugt die Septuaginta, von der es heißt, sie sei von 72 Juden aus Jerusalem im hellenistischen Alexandria in 72 Tagen gleichlautend übersetzt worden. Bei der Vertreibung Adams aus dem Garten Eden lesen wir, Gott der Herr habe ihn »aus dem Paradies der

Tryphe« (ἐκ τοῦ παραδείσου τῆς τρυφῆς) fortgeschickt (1. Mose 3, 23). Auf der paradiesischen Basis der Tryphe haben hellenistische Könige ihre Macht auch durch Lachen verübt. Das früheste Zeugnis dafür ist der berühmte Hymnos *Ithyphallikos* (wörtlich: erigierter Penis) aus der Zeit um 280 v. Chr. (überliefert bei Athenaios, *Deipnosophistai* 6, 253D). Mit dem alten Ritual des dionysischen Phallos-Tanzes empfingen die Athener ihren neuen Schutzherrn, den makedonischen König Demetrios Poliorketes, beim Einzug in ihre Stadt. Die Bürger erschienen mit umgebundenen ledernen Phalloi vor dem Herrscher, den sie als leibhaftigen Gott auf Erden begrüßten und dabei umtanzten, wie das Gefolge der lachenden Satyrn ihren Herrn Dionysos. Dazu sangen sie:

> *»Er aber ist heiter, schön und lachend bei uns,*
> *wie für den Gott es sich ziemt.«*

Wie hoch Lachen auch im Umkreis anderer hellenistischer Könige bewertet wurde, belegt eine andere zeitgenössische Notiz, die der im frühen 3. Jahrhundert schreibende Gelehrte Athenaios überliefert hat: »Ptolemaios aus Megalopolis, der Sohn des Agesarchos, sagt im zweiten Buch seines Werkes über Philopator, daß sich Teilnehmer von Symposia aus jeder Stadt beim König versammelten, die man die Lachkünstler (γελοιασταί) nannte« (*Deipnosophistai* 6, 246C). Der als Neos Dionysos auftretende König Ptolemaios IV. Philopator (221–204 v. Chr.) umgab sich mit einem Gefolge lachender Symposiasten aus allen Städten, so wie der von ihm verehrte Gott von lachenden Satyrn umschwärmt war. Bereits im Hellenismus zeigt sich also deutlich, wie stark das Lachen als Instrument der Macht und als Ausdruck von Loyalität gewirkt hat.

Das Lachen des Körpers

Seinen Diskurs über die höfische Lachkultur des Mittelalters hat Jacques Le Goff um eine zentrale anthropologische Kategorie erweitert: um die Rolle, die der menschliche Körper als immer wieder neu definierte Projektionsfläche in der Geschichte spielt. Die kulturgeschichtliche Dimension des Körpers ist für ihn auch deshalb so wichtig, weil er von hier aus eine neue historische Brücke zum Lachen schlagen kann: »Das Lachen ist ein Phänomen, das sich empirisch faßbar im Körper und durch den Körper ausdrückt« (S. 23). Es ist die unmittelbare Gefährlichkeit dieser Verbindung, die nach Jacques Le Goff mit dazu beigetragen hat, das Lachen im monastischen Milieu des Mittelalters zu kodifizieren – und zu limitieren.

Welche Rolle aber spielt der Körper des Menschen, wenn er lacht? Mit dieser Frage hat sich vor allem Helmuth Plessner im Rahmen seiner philosophischen Anthropologie auseinandergesetzt:. Beim Lachen emanzipieren sich körperliche Vorgänge von der Person. Intensives Lachen führt zu konvulsivischen Bewegungen, innerviert die Muskulatur von Schultergürtel, Rumpf und Gliedmaßen – und verändert den Atemrhythmus, der sich in kurze exspiratorische Stöße auflöst. Schon Aristoteles betonte, daß Lachen eine spezifische Äußerung des Zwerchfells ist (*De partibus animalium* 3, 10 = 673a, 2–13). Lachen ist immer eine Antwort des Körpers. Ist eine Situation unbeantwortbar, läßt sie sich also durch Sprache, Handlung und Gebärde nicht bewältigen, dann kapituliert die Einheit von Körper und Seele: sie löst Lachen oder Weinen aus. In solchen Grenzlagen gibt allein der Körper für den Menschen die Antwort, wie beim Schluckauf oder Gähnen, zwangsläufig und unkontrollierbar. Gerade das Unabwendbare und Unbeherrschbare des Körpers und seine plötzliche Verselbständigung gegenüber dem Willen sind es, die dem Lachen (und dem hier nicht behandelten Weinen) eine eminent historische Bedeutung verleihen.

Jacques Le Goff zeigt am Beispiel der Ordensregeln, wie grundsätzlich das Lachen, auch als Äußerung des Körpers, im Mittelalter verurteilt wurde. Der zentrale Bezugspunkt war dabei das bekannte Dogma, Jesus habe auf Erden nie gelacht. Entsprechend formulierten christliche Gelehrte wie Basilios der Große, Johannes Chrysostomos und Rufinus von Aquileia seit dem 4. Jahrhundert verbindliche Vorschriften für das Verhalten der Mönche, die sowohl im Osten wie im Westen galten. Die Unterdrückung des Lachens definierte ein Hauptanliegen der frühen Ordensregeln. Dadurch verschwand die Toleranz gegenüber dem Lachen in der antiken Philosophie, etwa bei Aristoteles und Epikur, so gut wie ganz. Das frühchristliche Lachverbot wurde sowohl mit dem Gebot mönchischer Demut als auch mit der spirituellen Askese der Schweigepflicht verknüpft.

Mit dem wichtigen Hinweis auf die christliche Lehre der Einheit von Körper und Seele kommt Jacques Le Goff hier noch einmal auf die elementare Rolle des Körpers beim Lachen zurück. In der berühmten Magisterregel *(Regula Magistri)*, die im 6. Jahrhundert entstand, haben die Öffnungen von Augen, Ohren und Mund die Funktion von Filtern. Als regelbarer Durchlaß in der Grenzfläche des Körpers vermitteln sie zwischen seiner Innen- und seiner Außenwelt. Nach der Magisterregel sind diese Filter so zu justieren, daß sie das Gute sowohl in den Körper hinein- als auch wieder aus ihm herauslassen, dem Bösen jedoch den Weg in beide Richtungen versperren. Bei dieser körperbedingten Struktur der menschlichen Kommunikation gilt »das schmutzige Lachen« des Mundes als »die schlimmste Form aller schlechten Gefühle, die von innen nach außen dringen« (S. 26–27). Noch schärfer, so Jacques Le Goff, konnte das Lachverbot für Mönche nicht formuliert werden.

Eine neue Theologie des Lachens

Eine ähnliche Tendenz der Verurteilung läßt die Auswahl der Bibelzitate erkennen, die kirchliche Kreise im Mittelalter zum Lachen anführten. Obwohl darunter gelegentlich auch positive Einstellungen berücksichtigt sind, fehlt nach Jacques Le Goff hier ausgerechnet die Unterscheidung, auf die in der Bibel selbst so großer Wert gelegt wird: die Differenz zwischen dem erlaubten Lachen als Ausdruck der Freude – vor allem der Vorahnung der Freuden auf das Paradies – und dem unerlaubten Lachen als Ausdruck höhnischer Herabsetzung, das im Widerspruch zum Gebot der christlichen Nächstenliebe steht.

Für noch bezeichnender halte ich es jedoch, daß im Mittelalter *der* zentrale Diskurs über das Lachen in der Bibel unberücksichtigt bleibt: die bekannte Geschichte von Abraham und Sara in Zusammenhang mit der Geburt ihres Sohnes Isaaks, überliefert im 1. Buch Mose, Kapitel 17 bis 21. Wegen der besonderen Bedeutung dieser Geschichte, die auch Jacques Le Goff hervorhebt (S. 31–34, 59–60), gehe ich auf sie ausführlicher ein, und zwar auf der Grundlage des hebräischen und des griechischen Textes. Abraham und seine »schöne Frau« Sara (1. Mose 12, 11) bleiben bis ins hohe Alter kinderlos. In einem seiner Gespräche mit Abraham verkündet Gott dem nunmehr Neunundneunzigjährigen die Grundlage einer vollkommen neuen Beziehung zwischen ihm und den Menschen: Gott schließt einen ewigen Bund mit Abraham, den er zum Stammvater aller Volksstämme Israels macht. Um diesen Bund zu begründen, sagt Gott am Ende seiner Rede zu Abraham: »Ich will Sara segnen und dir auch von ihr einen Sohn geben. Und ich will sie segnen, und Völker sollen von ihr abstammen und ebenso Könige von Völkern. Da warf Abraham sich nieder auf sein Angesicht und lachte, denn er dachte bei sich: sollte wohl einem Hundertjährigen ein Sohn geboren werden, und sollte Sara, die neunzigjährige, gebären? ... Da sprach Gott: Sara, deine Frau, wird dir einen Sohn gebären und du sollst ihn *Er lacht* (Isaak) nennen, und mit ihm will ich einen ewigen Bund schließen und mit seinem Samen nach ihm« (1. Mose 17, 16–19). Ein weiteres Mal sprach Gott zu Abraham: »In einem Jahr werde ich wieder zu Dir kommen und dann wird deine Frau Sara einen Sohn haben. Sara aber hörte am Zelteingang hinter Abrahams Rücken zu. Abraham und Sara waren jedoch alt und hochbetagt, und Sara erging es nicht mehr so, wie es Frauen zu ergehen pflegt. Da lachte Sara in sich hinein, indem sie zu sich sagte: Ich bin alt und soll noch Lust (hebräisch: Wurzel von *Eden*) empfinden (Martin Luther: Wollust pflegen)? Und mein Mann ist alt. Und Gott sprach zu Abraham: Warum lacht Sara und sagt zu sich: Sollte ich wirklich noch gebären können, nachdem ich alt geworden bin? Ist für Gott denn irgend etwas unmöglich? Nächstes Jahr um diese Zeit werde ich wieder zu dir kommen, dann wird Sara einen Sohn haben. Da leugnete Sara und sprach: ich habe nicht gelacht. Denn sie fürchtete sich. Gott aber sprach: Nicht doch, du hast gelacht« (1. Mose 18, 10–15). Drei Kapitel später lesen wir: »Und Sara wurde schwanger und gebar dem Abraham in seinem Alter einen Sohn zu der Zeit, die Gott angegeben hatte. Und Abraham nannte den neugeborenen Sohn, den den Sara ihm geboren hatte, *Er lacht* ... Und Abraham war hundert Jahre alt, als sein Sohn *Er lacht* ihm geboren wurde. Sara aber sprach: Gott hat mir Lachen bereitet (oder: Gott ließ mich lachen); jeder, der davon hört, (weiß), daß *Er lacht* ist für mich (oder: wird lachen für mich). Und sie sagte: Wer hätte dem Abraham verkünden wollen, daß Sara noch ein Kind stillen und ihm in seinem Alter einen Sohn gebären werde?« (1. Mose 21, 2–7).

Abraham, Sara und *Er lacht,* aber auch und vor allem Gott: sie alle sind durch den ewigen Bund und das damit verknüpfte Thema des Lachens theologisch unmittelbar aufeinander bezogen. Als Gott Abraham den ewigen Bund und die Geburt eines männlichen Nachkommen verheißt, wirft Abraham sich nieder und tut etwas höchst Unerwartetes: Er lacht. Er lacht, und zwar mit dem Körper, weil sein Verstand an der Vorstellung scheitert, daß er in seinem Alter einen Sohn zeugen und Sara ihn in ihrem Alter gebären kann. Gott tadelt das Lachen von Abraham nicht. Im Gegenteil, er antwortet darauf mit drei zentralen Mitteilungen: zunächst mit der Feststellung, daß Sara ihrem Mann einen Sohn gebären wird; dann mit der Anweisung, daß Abraham seinen Sohn *Er lacht* nennen soll; und schließlich mit der Ankündigung, daß er mit *Er lacht* und seinen Nachkommen einen ewigen Bund schließen wird. Sara lacht aus den gleichen Gründen wie Abraham. Wiederum reagiert Gott. Diesmal jedoch spricht er das Lachen direkt an. Zunächst will Gott wissen, warum Sara gelacht hat. Dann fragt er, ob Gott irgend etwas unmöglich ist? Und zum Schluß stellt er wieder fest, daß Sara in einem Jahr einen Sohn gebären wird. Als Sara daraufhin angstvoll bestreitet, gelacht zu haben, widerspricht ihr Gott und betont, sie habe doch gelacht. Eine weitere Dimension gewinnt das Lachen von Abraham und Sara durch die Motive, die es in dieser Geschichte (mit)begründen: das hohe Alter, die (bezweifelte) Zeugungskraft des Mannes und die (in Frage gestellte) Gebärfähigkeit der Frau und ihre paradiesische Freude darüber. Darin klingen zweifellos auch sexuelle Konnotationen durch, bei Sara verstärkt durch die Hinweise, daß sie schön ist und auch im hohen Alter stillen kann. Von fundamentaler Bedeutung ist jedoch das wortgleiche Wechselspiel zwischen *Er lacht* und dem *Lachen* von Abraham und Sara, ein Wechselspiel, das freilich nur im hebräischen Text durch das dafür verwendete Wort *Isaak* zur Geltung kommt. Noch bedeutender wird dieses Wortspiel dadurch, daß die Maskulinform von *Er lacht* sich grundsätzlich auf beide Parteien des ewigen Bundes beziehen läßt: Isaak *und* Gott.

Die ebenso situativ wie provokativ erscheinenden Dimensionen des Lachens von Abraham und Sara gewinnen erst in dem Entwurf einer neuen Theologie des Lachens ihre wegweisende Bedeutung – und ihre befreiende, unmittelbar auf Gott bezogene Berechtigung. Programmatisch läßt der biblische Pentateuch Sara nach der Geburt von *Er lacht* denn auch bekennen: »Gott hat mir Lachen bereitet; jeder, der davon hört, (weiß), daß *Er lacht* ist für mich« (1. Mose 21, 6). Auf das vielgründige Lachen von Abraham und Sara gibt Gott eine unmißverständliche Antwort: die Verkündigung der Geburt von *Er lacht*. Durch ihn ist das Thema des Lachens in dem ewigen Bund zwischen Gott und dem Volke Israel für immer festgeschrieben. Die Geschichte von *Er lacht* gehört damit zu den Schlüsselstellen für die gesamte Theologie des Alten Testaments.

Erst vor diesem Hintergrund wird verständlich, warum die lachfeindlichen Kreise der Kirche im Mittelalter daran interessiert gewesen sind, die Brisanz der Geschichte von *Er lacht* so weit wie möglich herunterzuspielen, mit Folgen, die bis heute andauern. Eine davon ist, daß es bis heute keine Übersetzung dieser Passage gibt, die der anspielungsreichen Wortbedeutung des hebräischen Textes wirklich gerecht wird. Ähnlich ist die mittelalterliche Kirche auch mit vielen anderen Bibelstellen über die befreiende – und vernichtende Sprengkraft des Lachens verfahren, das im Alten Testament eine besondere Qualität Gottes bezeichnet. Im 59. Psalm triumphiert Gott damit ausdrücklich über die Gottlosen, die gerade im Mittelalter bevorzugt als Lachende stigmatisiert worden sind: »Aber Du, Herr, wirst ihrer lachen, und aller Heiden spotten« (Vers 9).

Lachen und Sexualität

Einen Gesichtspunkt möchte ich aus der christlichen Theologie des Lachens herausgreifen, da er für das Lachen besondere Bedeutung hat: seine Verbindung mit Sexualität und Lust. Bereits Helmuth Plessner hat die lustvollen Dimensionen des Lachens betont. Lustvoll ist das Lachen etwa als hemmungslose Entladung einer Entspannung, als plötzliche Preisgabe der normativen Einheit von Körper und Seele – und als unvermittelte Antwort auf eine Lage, der gegenüber jede andere Antwort versagt ist. Historisch sind Sexualität und Lust als zentrale Aspekte des Lachens besonders in christlichen Zusammenhängen präsent, vor allem durch den im Mittelalter begründeten Brauch des *risus paschalis*, den auch Jacques Le Goff erwähnt (S. 38). Bemerkenswert ist hier bereits die Terminologie. Unter den Bezeichnungen für den *risus paschalis*, die in der deutschen Sprache immer auf die Wurzel *oster* weisen, ist auch die von *Isaak* (Er lacht) belegt. Neue Überlegungen zum Osterlachen verdanken wir der Anthropologin und Theologin Maria Caterina Jacobelli. Sie hat nachgewiesen, daß die Geschichten und Handlungen, mit denen Priester bei der Ostermesse die Gläubigen in vielen Ländern Europas zum Lachen gebracht haben, überwiegend sexuell unterlegt waren. Die sexuellen Späße umfaßten dabei jede Form der Schamlosigkeit, vor allem obszöne Witze, Lieder und Tänze, komödiantische Nachahmungen des sexuellen Verhaltens von Eheleuten – und selbst den Akt des Onanierens. Für den übergeordneten theologischen Zusammenhang ist hier das Hohelied des Alten Testaments wichtig. Es wurde an Ostern (Passah), dem höchsten Fest der Juden, in den Synagogen verlesen. In dem Hohelied ist die Liebe Gottes zu seinem Volk gefeiert in Form eines Diskurses zweier Verliebter, die sich gegenseitig begehren und preisen. Sie besingen die Küsse, die Brüste, die Scham, die Liebkosungen der Geliebten; sie beschreiben ihre Schönheit und ihr gegenseitiges sexuelles Verlangen. Das Osterlachen verbindet nach Maria Caterina Jacobelli zentrale Elemente der christliche Lehre: die frohe Botschaft des Osterfestes; das österliche Lachen der Gläubigen als Ausdruck ihrer Freude und Befreiung; die sexuelle Lust, die als körperlicher Überfluß des Menschen auf die reine Freude und Liebe Gottes zurückgeht – und gerade am Osterfest darauf lachend verweist.

Aber auch außerhalb kirchlicher Räume sind Lachen und Sexualität als anthropologische Grundmuster bereits früh aufeinander bezogen. Im achten Buch der Odyssee etwa besingt Homer die unlautere Liebschaft von Aphrodite und Ares auf dem Lager des Hephaist (Verse 266–366). Ihr Tun ist jedoch nur von kurzer Dauer. Schon bald hat Hephaist die Ehebrecher in flagranti ertappt, hat der betrogene Ehemann das Liebespaar mit unsichtbaren Stricken gefesselt. Jetzt ruft er den Göttern zu: »Kommt und seht hier Dinge zum Lachen und nicht zu ertragen« (Vers 307). Die Götter also eilen herbei und unter ihnen »erhob sich unauslöschliches Gelächter, als sie das künstliche Werk des klugen Hephaistos erblickten« (Verse 326–327). »Dinge zum Lachen« bot der Anblick der überführten Ehebrecher, die sich in ihrer kompromittierenden Situation nicht vom Fleck rühren konnten. Auf diese ‚nackte' Wahrheit reagieren die anwesenden Götter prompt – nicht mit der klaren Sprache des Verstands, sondern mit dem eigenmächtigen Verhalten des Körpers: Durch das ‚homerische' Lachen, das unauslöschlich ist, quittieren sie die brenzlige Lage. So ist der Konflikt auf seinem Höhepunkt entschärft und damit der Weg für die wenig später gefundene Lösung angebahnt.

Der anthropologische Zusammenhang zwischen Lachen und Sexualität manifestiert sich noch deutlicher in drei Mythen, die sich inhaltlich weitgehend entsprechen, obwohl sie ganz verschiedenen Zeiträumen und Kulturkreisen entstammen. Es handelt sich um den ägyptischen Mythos von Re-Harakhti und Hathor aus der Mitte des 12. Jahrhunderts v. Chr., um den griechischen Mythos von Demeter und Baubo und um den japanischen Mythos von Ama-terasu und Ama-no-Uzume-no-Mikoto aus dem frühen 8. Jahrhundert. Um welche Geschichten geht es hier?

Während des Gerichtsstreits zwischen Horus und Seth beleidigt der Gott Baba den Sonnengott Re-Harakhti so schwer, daß dieser den Prozeß unterbricht und sich grollend zurückzieht. Erst seiner Tochter Hathor gelingt es, die Krise zu beenden. Als sie vor den Sonnengott tritt und ihr Geschlecht entblößt, muß dieser lachen. Dadurch ist Re-Harakhti erlöst und setzt den Prozeß fort.

Demeter trauert um ihre entführte Tochter Persephone. Sie ist darüber so verzweifelt, daß sie weder lacht, trinkt noch ißt. Nach Klemens von Alexandria und Arnobius tritt Baubo vor die Göttin und zeigt dieser ihre Scham. Darüber muß Demeter lachen, was sie aus ihrer aussichtslosen Lage befreit und in das Leben zurückführt.

Das erste Buch von Kojiki berichtet, wie sich die große Sonnengöttin Ama-terasu nach einem Streit in die Felsenhöhle des Himmels zurückzog und dadurch der ganze Erdenkreis in Dunkelheit versank. Alle Versuche, die erzürnte Sonnengöttin wieder herauszulokken, schlugen fehl. Schließlich kam die Göttin Ama-no-Uzume-no-Mikoto, »legte ein Schallbrett vor die Tür der himmlischen Felsenwohung, tanzte bzw. stampfte darauf, daß es dröhnte, ... zog die Warzen ihrer Brüste heraus und warf ihr Gewand ab, um ihre Genitalien zu zeigen. Da erschütterte das Gefilde des hohen Himmels und es lachten die 800 Myriaden-Götter schallend« (Florenz 1919, S. 39–40). Verwundert trat Ama-terasu aus ihrer Höhle heraus, um den Grund des Gelächters zu erfahren. Da wurde sie von den übrigen Göttern ergriffen und in die Welt zurückgeführt, und im ganzen Land schien wieder die Sonne. Noch heute feiern Japaner jedes Jahr in Gobo ein Lachfest zu Ehren der Niutsuhime, bei dem das Lachen in unmittelbarem Zusammenhang mit der Entblößung der Göttin steht, die hier jedoch nicht absichtlich, sondern versehentlich erfolgt.

Die drei mythischen Geschichten aus verschiedenen Kulturkreisen und unterschiedlichen Zeiträumen folgen einem vergleichbaren Muster. Aufgrund einer seelischen Erschütterung zieht sich eine Gottheit zurück und nimmt ihre Verantwortung nicht mehr wahr. Es entsteht eine Krise. Nachdem alle Versuche zur Beilegung der Krise scheitern, erscheint eine Göttin, die vor die jeweils zurückgezogene Gottheit tritt. Sie entblößt sich, zeigt ihr Geschlecht und verführt ihr Gegenüber dadurch zum Lachen. In der Urgewalt des Lachens löst sich die Krise unversehens auf. In den drei Mythen, aber auch in der Geschichte von *Er lacht* funktionieren Lachen und Sexualität als Urtriebe des Lebens, besitzen einzigartige Sprengkraft und sind als solche grundsätzlich aufeinander bezogen. In ihrer existentiellen Unmittelbarkeit sind Lachen und Sexualität die einzigen wirklich wirksamen Mittel, elementare Krisen zu überwinden und neues Leben zu stiften.

Lachen im Medium der Bilder

Eine weitere historische Ebene des Lachens im Mittelalter eröffnet das Medium der Bilder. Jacques Le Goff diskutiert dazu zwei Beispiele: Bilder zur Geschichte von *Er lacht* und den Ausdruck des *vultus hilaris,* den ich wegen seiner bildhaft-habituellen Assoziationen hier miteinbeziehe. Bei den Bildern, die der Geburt von *Er lacht* und seinem Umkreis gelten, vermißt Jacques Le Goff einen mittelalterlichen Diskurs über das für diese Geschichte so zentrale Thema des Lachens. Diese auffällige Lücke veranlaßt ihn zu der grundsätzlichen Frage, wie die unterschiedlichen Medien von Text und Bild strukturell aufeinander bezogen waren. Hier unterstreicht er das Potential des Bildes, narrative Texte visuell oft sehr weitgehend zu deformieren und zu manipulieren – und damit neue historische Horizonte der Interpretation über die dargestellten Themen zu eröffnen. Das andere Beispiel gehört in die Zeit nach 1100, in der Jacques Le Goff den Beginn einer Kasuistik des Lachens erkennt. Diesmal geht es ihm um die neue Bedeutung, die der Begriff *hilaris* im Sinne von heiterer Mimik und lächelndem Gesichtsausdruck gewann. Gerade der *vultus hilaris* bestimmte eine typische Qualität im Auftreten des Franz von Assisis und galt als Sinnbild seiner Heiligkeit: »Lächeln drückte also wahre Spiritualität und entsprechendes Benehmen aus« (S. 40). Überhaupt fragt sich Jacques Le Goff, ob der Begriff Lächeln »nicht eine mittelalterliche Wortschöpfung ist« (S. 33).

Diese Überlegungen lassen sich im Horizont der Bilderwelt des Mittelalters weiter vertiefen. Fünf Beispiele in verschiedenen Medien und aus unterschiedlichen Zeiten zeigen typische Möglichkeiten, wie sich kirchliche Kreise mit dem Lachen in mittelalterlichen Bildern auseinandergesetzt haben. Ich beginne mit dem aufregenden Reliefbild des Jüngsten Gerichts am Bamberger Dom, das die Lünette über dem sogenannten Fürstenportal schmückt (Abb. 1-3). Die Darstellung wurde um 1230 gemeißelt, in einer Zeit also, in der nach Jacques Le Goff sich vor allem an den Höfen, aber auch in den Klöstern ein neuer Kodex von erlaubtem und unerlaubtem Lachen entwickelt hatte. In der Mitte thront in ruhiger Würdehaltung Christus, bärtig und mit einem Wundmal unter der rechten Brust. Er richtet mit erhobenen Armen und geöffneten Händen (deren Wundmale zeigend) über die Menschen. Rechts von ihm sehen wir die Gruppe der Seligen, links von ihm die der Verdammten.

Zur Gruppe der Seligen gehören drei kleinere Figuren links – die äußere mit Tonsur (Abb. 2), dahinter ein König mit Krone und, rechts davon, drei Christus zugewandte Engel mit den Leidenswerkzeugen: Kreuz, Dornenkrone und Lanze. Weitere Akzente setzen in dieser Gruppe zwei winzige Menschenfiguren unter den Füßen von Christus, die aus ihren Särgen auferstehen, außerdem zwei Figuren, die auf Wolkenbänken knien und an seine Füße greifen – links Maria und rechts Johannes. Die Körpersprache der Seligen ist ver-

halten, alle lächeln, am stärksten die drei Figuren links vorn (Abb. 2). Ähnlich wie bei der Mimik des Lachens sind bei diesen die Winkel der breiten, dicht geschlossenen Münder pointiert hochgezogen, der Mundhof

Abb. 1: Bamberger Dom, Fürstenportal. Lünetten-Relief ›Das Jüngste Gericht‹ (um 1230)

durch die extrem vorgewölbten Wangen zusätzlich betont und die Augenschlitze merklich verengt. Die Gruppe der Verdammten ist weitaus zugespitzter charakterisiert – und durch einen Engel mit hochaufge-

Abb. 2: Bamberger Dom, Fürstenportal. Lünetten-Relief Ausschnitt. Drei Figuren der Gruppe der Seeligen (um 1230)

Abb. 3: Bamberger Dom, Fürstenportal. Lünetten-Relief Ausschnitt. Gruppe der Verdammten (um 1230)

stellten Flügeln von Christus zugleich erkennbar isoliert (Abb. 3). Auffällig ist zunächst die genaue Differenzierung ihres gesellschaftlichen Status. Wir erkennen, neben einem verzweifelt aus dem Bild herauslachenden Sünder, an der hohen Mitra einen Bischof, an der kegelstumpfen Tiara einen Papst, an dem Münzbeutel einen Geldwechsler und an der Krone einen König, der seine Rechte meineidig zu Boden streckt. Sie alle erscheinen vorwiegend *en face,* was die Ausdruckskraft ihrer Gesichter verstärkt. Weiter zugespitzt sind die Verdammten durch ihre Mimik und ihr Körperverhalten, vor allem durch exaltierte Bewegungen, verrenkte Leiber und extreme Fratzen. Die Verdammten streben allesamt von Christus fort, angeführt von einem dämonischen Teufel, der sie mit einer Kette in die Hölle zieht. Wichtig sind für uns vor allem die Grimassen der Verdammten. Im Gegensatz zu den Seligen sind ihre Zähne mehrfach entblößt und Stirnfurchen immer markant eingetragen. Die Mimik der Verdammten ist stellenweise geradezu maskenartig übersteigert und dadurch in ihrer Wirkung besonders ambivalent: Lachen und Weinen, Heulen und Schreien, Jammern und Grölen – dies alles ist oftmals in dem selbem Gesicht und im selben Körperbild präsent. Das verzückte Grinsen der Seeligen und das abgründige Lachen der Verdammten umreißt in seiner Gegensätzlichkeit das ganze anthropologische Spektrum, das der

Fratze des Lachens grundsätzlich anhaftet. Paradies und Hölle, beides ist im Lachen letztlich gegenwärtig. Dabei sind die Bilder des Lächelns und des Lachens am Bamberger Dom in hohem Maße historisch: durch ihre Selektion und Artikulation im Kontext des Jüngsten Gerichts; durch ihren Bezug auf die neuen Diskurse über erlaubtes und unerlaubtes Lachen inner- und außerhalb der Kirche; und durch die Gegenwart selbst höchster kirchlicher und weltlicher Vertreter in der Gruppe der Verdammten.

Mein zweites Beispiel erschließt ein anderes wichtiges Medium: die Buchmalerei. Aufschlußreich ist hier ein farbenprächtiges Bild aus dem luxuriösen Missale von Henry of Chichester, das um 1250 in Salisbury entstand (Abb. 4). Auch hier geht es auf der Ebene von Mimik und Körperverhalten wieder um klare Distinktion. Das Bild beruht auf der bekannten Geschichte von dem Verrat an Jesus, die bei allen vier Evangelisten überliefert ist. Rechts von der Mitte steht Jesus in gefaßter Haltung. Umfangen von einem Nimbus hat er seinen Kopf dem Judas zugeneigt, der von links kommt und ihn durch das alte Begrüßungsritual des Kusses verrät. Judas blickt von Jesus weg und führt mit der zurückgenommenen Rechten einen der Schergen herbei. Der Verratene und der Verräter sind umringt von bewaffneten Soldaten, gezückten Schwertern, erhobenen Äxten und triumphierenden Pharisäern

Abb. 4: Manchester, John Rylands University Library, Buchmalerei ›Judas verrät Christus‹ (Salisbury, um 1250)

(bezeichnet durch ihre Zipfelmützen). Einer der Pharisäer hält eine Lampe hoch, um Jesus in ihrem Lichtkegel zu fangen. Nimbus und Tonsur der Figur unten links bezeichnen den Jünger, der mit seinem Schwert einem der Landsknechte das rechte Ohr abschneidet. Überall gestaltet das Bild den biblischen Text visuell aus. Das zeigt sich besonders deutlich in der Mimikausmalung der Soldaten. Ihre Gesichter sind wie beim Lachen verzerrt, durch weit aufgerissene Münder, hochgezogene Mundwinkel und gebleckte Zähne – häufiger noch zusätzlich gesteigert durch eingegrabene Stirnfurchen und angespannte Brauenbögen. Auch hier ist der mimische Ausdruck wieder höchst ambivalent, zeigen Lachen, Johlen und Grölen grundsätzlich dasselbe Gesicht. Anders als beim Fürstenportal des Bamberger Doms charakterisiert das Lachen hier freilich allein die Gottlosen – und verweist damit vor allem auf die lachfeindlichen Diskurse im Raum der Kirche.

Noch nahsichtiger und vielschichtiger ist die Mimikschilderung auf dem phantastischen Ölbild der Kreuztragung, das Hieronymus Bosch oder ein ihm nahestehender Künstler zwischen 1510 und 1535 gemalt hat (Abb. 5). Das Bild selbst ist ganz Ausschnitt – und ganz von Gesichtern dominiert. Das schöne Antlitz von Jesus, der die Augen geschlossen hat, ist leicht exzentrisch im Bild platziert. Er trägt ein riesiges

Abb. 5: Gent, Museum voor Schone Kunsten. Öl auf Holz ›Kreuztragung‹, Hieronymus Bosch oder Nachfolger (1510–1535)

Kreuz, dessen allein sichbarer Holzstamm das Bild diagonal durchschneidet. Jesus ist ringsherum so dicht von verzerrten Gesichtern bedrängt, daß er darin beinahe unterzugehen scheint: von Soldaten mit Helm und Schlagstock, einer Amtspersonen mit Ohrring, einem Mönch mit Tonsur und Kutte, zwei an Stricken geführten Verbrechern, Schaulustigen unterschiedlichster Prägung – unten links außerdem von Maria und Veronika, die lächelnd das Abbild Jesu auf dem Schweißtuch präsentiert. Immer wieder sehen wir in der Gruppe der Jesus-Feinde auf halbgeöffnete oder aufklaffende Münder, aufgerissene, verschlossene oder schnutenartig vorstoßende Lippen, ganze Gebisse oder einzelne Zahnstummel, hoch- oder heruntergezogene Mundwinkel, geschlossene oder schlitzartig verengte Lider, verdrehte oder hervorquellende Augäpfel. Die Kreuztragung ist ein Bild voller Gesichter, beherrscht von extremen Fratzen und einzigartigen mimischen Kontrasten. Verschiedenste Physiognomien, Ausdrucksformen und Emotionen prallen hier unmittelbar aufeinander: auf der einen Seite die gesammelte Schönheit von Christus, Maria und Veronika, auf der anderen Seite das Häßliche der entgleisten Grimassen der Menge, die lacht, brüllt und geifert, und zugleich spottet, lästert und höhnt. Zwischen dem stillen Lächeln der Veronika und dem johlenden Gelächter der Menge sind die menschlichen Abgründe und die anthropologischen Gegensätze ausgemessen, mit denen sich die kirchlichen Kreise nicht nur des Mittelalters immer wieder so schwer getan haben.

Das nächste Bild geißelt die katastrophale Zerstörungsmacht des Lachen (Abb. 6). Das Bild gehört zu

Abb. 6: Paris, Notre-Dame. Steinrelief der nördlichen Chorschranken ›Kindermord von Bethlehem‹ (13. Jahrhundert)

einem Zyklus farbig gefaßter Steinreliefs mit Szenen aus der Kindheit Jesu. Dieses Reliefband wurde im 13. Jahrhundert für die nördlichen Chorschranken von Notre-Dame in Paris gefertigt. Das Thema unseres Bildes ist der schreckliche Kindermord von Bethlehem.

Links sitzt der Verantwortliche dieser Tragödie, König Herodes. Mit weit geöffnetem Mund schreit er den Mordbefehl seinen Soldaten zu. Sein ganzer Körper bebt dabei vor Erregung: der Oberkörper schnellt zusammen mit dem Szepter wie eine Waffe vor, der Kopf fährt dagegen ruckhaft zurück, die Beine sind unherrschaftlich übereinander geschlagen. Zwei affenartige Dämone, die auf ihm herumturnen, zerren an seiner Krone. Über Herodes markieren drei Fenster einen Teil seines Palastes. Aus jedem blickt eine Fratze heraus, ganz rechts offenbar die eines lachenden Dämons. Vor Herodes morden zwei Soldaten mit gezückten Schwertern drei nackte Kinder. Zwei am Felsengrund hockende Mütter bemühen sich vergeblich um ihren Schutz. Die Kinder sind blutüberströmt, eines von ihnen ist bereits abgeschlachtet zu Boden gestürzt. Während die Mutter im Hintergrund mit ihrer linken Hand den Kopf des rechten Soldaten abzuwehren und mit dem Zeigefinger zusätzlich sein rechtes Auge zu zerquetschen versucht, fletscht dieser voller Wut die Zähne und holt zum Todeshieb gegen das von ihr gehaltene Kind aus. Am schrecklichsten jedoch wütet der frontal stehende Soldat im Hintergrund. Mit höllischem Lachen stößt er sein scharfes Schwert in die rechte obere Flanke des Kindes, aus der rotes Blut hervorsprudelt. Rasend vor Schmerz brüllt das wehrlose Kind – und ohnmächtig schreit die Mutter. Die extreme Brutalität der Bluttat und das diabolische Lachen des Kindermörders dienten vor allem dazu, die dunklen Seiten des Lachens im Mittelalter zu verdammen. Bilder wie diese waren historisch gesehen besonders prädestiniert, die Aggression des Bösen und sein vernichtendes Lachen hautnah anzusprechen – und dadurch in der Öffentlichkeit wirksam zu bekämpfen.

Völlig neue Akzente setzt eine unterlebensgroße Tonstatuette im Victoria and Albert Museum in London, die etwa zwei Jahrhunderte später entstand (Abb. 7). Wahrscheinlich hat sie Antonio Rossellino um 1465 geschaffen, vielleicht sogar als Bozzetto für eine lebensgroße Marmorskulptur. Maria thront in reichem Ornat, das Schleiertuch über das Hinterhaupt gezogen. Auf ihrem Schoß sitzt das nackte Jesuskind, um das Maria ihre Armen gelegt hat. Jesus erscheint weitgehend en face, wiedergegeben in der Ikonographie molliger Putten und Eroten. Er spielt mit einer um seinen Bauch gewickelten Windel, deren Enden er mit den Händen hält. Maria hat die Lippen lächelnd geschlossen und blickt auf Jesus herab. Jesus hingegen hat den Mund weit geöffnet und das Untergesicht stark verzogen: er lacht laut dabei auf. Das Bild des lachenden Jesus ist in vieler Hinsicht ungewöhnlich. Das Lachen von Jesus betont einerseits seine Menschwerdung besonders nachdrücklich, verleiht dem Lachen andererseits aber auch einen starken theologischen

Abb. 7: London, Victoria and Albert Museum. Figurengruppe aus Ton ›Maria mit lachendem Christusknaben‹, Antonio Rossellino (um 1465)

Hintergrund. Maria lächelt, Jesus indes lacht. Theologisch erinnert die Darstellung des lachenden Jesus vor allem an die Verheißung von *Er lacht,* die Gott im 1. Buch Mose Abraham und Sara verkündet hatte. Die Tongruppe von Maria und Jesus zeigt uns sehr deutlich, daß die visuellen Diskurse über das Lachen in den kirchlichen Räumen der frühen Renaissance neue Bedeutungshorizonte erschlossen hatten. Der Bildentwurf des lachenden Jesus war hier jedenfalls nicht mehr absolutes Tabu.

Wie weitgehend sich in den nachfolgenden Jahrhunderten nicht nur die Gesellschaften Europas, sondern auch die gesellschaftlichen Einstellungen gegenüber dem Lachen verändert haben, zeigt uns ein Bild des englischen Malers William Hogarth. 1736 hat er die Radierung *Das lachende Publikum* veröffentlicht, um in einer Art Nahaufnahme die Lachkultur der gehobenen Gesellschaft seiner Zeit aufzuspießen (Abb. 8). Der Kunsthistoriker Wilhelm Fraengers hat diese Parodie auf das öffentliche Lachen mit bezeichnendem Sarkasmus kommentiert: »Eine plebejische vulgäre Lustigkeit, die den Schweiß aus der Stirn und Tränen aus den Augen treibt, hält dieses Publikum zusammen. Dem einen erschüttert das Lachen derart seinen Wanst, daß er ganz hilflos seine Stirne stützt. Dieses maßlose Gelächter entriegelt den Abgrund schauerlicher Gebisse und gräbt heimtückisch die Falten und Runzeln der

Abb. 8: München, Staatliche Graphische Sammlung. Radierung ›Das lachende Publikum‹, William Hogarth (1736)

alterswelken, brüchigen Gesichter nach ... (Die Gesichter) enthüllen im Lachen das Geheimnis sonst verborgener Niedrigkeit. Besonders die drei kantigen, ganz weißen Köpfe der Orchestermusiker wirken, als ob ihnen das fahle Skelett schon durch die Stirne glänze.« *Das lachende Publikum* von Wilhelm Hogarth weist zugleich auf gesellschaftliche Einstellungen voraus, die gerade in den westlichen Kulturen bis heute immer mehr einen Standard öffentlichen Verhaltens definiert haben – und weiterhin definieren.

Historische Dimensionen des Lachens

Das Besondere des Lachens in den christlichen Bildern des Mittelalters läßt sich auch noch in einem größeren Zusammenhang greifen. Im Mittelalter folgte die Darstellung des Lachens eigenen bildsprachlichen Konventionen und gesellschaftlichen Normen – und damit eben anderen, als sie etwa für antike Bilder galten. In der Bilderwelt Griechenlands und Roms haben Götter und Menschen grundsätzlich nicht gelacht – und auch kaum je gelächelt, mit Ausnahme archaischer Marmorbilder von jungen Frauen und Männern im 6. Jahrhundert v. Chr. In der antiken Ikonographie war Lachen beziehungsweise Grinsen letztlich nur mythischen Gegenbildern in der anderen Welt des Dionysos erlaubt: vor allem Figuren von wilden Satyrn und schönen Mänaden. Andere Strategien und Einstellungen können wir hier in der christlichen Bilderwelt des Mittelalters beobachten. Obwohl das Lachen in den kirchlichen Lebensräumen besonders stark reglementiert und diffamiert gewesen ist, wurde die Auseinandersetzung darüber in den Bildern offensiv und vielschichtig geführt: In dem selben Bild lachen die Gottlosen und grinsen die Gottesfürchtigen (Abb. 1–3) – und im 15. Jahrhundert kann sogar Jesus lachen (Abb. 7). Die öffentliche Exekution höchster Würdenträger aus Religion und Politik durch die Fratze des Lachens, wie sie am Fürstenportal des Bamberger Doms vollzogen ist (Abb. 3), wäre in der Bilderwelt der Antike undenkbar. Damit aber erschließen gerade die Bilder uns eine neue Intensität und Komplexität in den mittelalterlichen Diskursen über das Lachen, die wir so allein aus den Texten nicht gewinnen. Gleichzeitig bestätigen uns die Bilder, welche enorme gesellschaftliche Sprengkraft gerade diesem Thema von den kirchlichen und politischen Kreisen im Mittelalter zugemessen worden ist – aber auch, wie hoch sie das Gefahrenpotential des Lachens eingeschätzt haben und wie stark es im mittelalterlichen Leben der Menschen präsent gewesen muß. Nichts belegt dies besser als die immer wieder erlassenen Verbote und Einschränkungen des Lachens im Raum der Kirche. Der verurteilende Ton dieser Bestimmungen erinnert uns noch einmal daran, wie grundsätzlich die mittelalterlichen Diskurse über das Lachen von christlichen Moralvorstellungen kirchlicher Kreise überlagert gewesen sind.

Die Einstellungen und Bewertungen über das Lachen sind also besonders sensible Indikatoren für jede historisch ausgerichtete Analyse einer Gesellschaft. Im Mittelalter geht es dabei um so grundsätzliche anthropologische und historische Themen wie Religion, Normen, Herrscher, Körper und Sexualität. Aber auch über das Mittelalter hinaus ist Lachen ein zentrales Element in der Kommunikation zwischen Menschen. Jede Gesellschaft und jede Kultur hat explizite und implizite Regeln entwickelt, wo, wann, wie, von wem und warum gelacht – oder auch nicht gelacht werden darf. Sogar Diskurse über fundamentale Unterschiede zwischen verschiedenen Kulturen sind durch die Differenz des Lachens entschieden worden. Nachdenklich stimmt hier etwa das Beispiel von Jacob Burckhardt. Er hat im ideologischen Horizont der Griechen-Perser-Antithese die aristotelische Definition, von allen Lebewesen lache allein der Mensch, kulturgeographisch radikal eingeschränkt: »Ferner ist der Orient serios wie die Tiere und lacht nicht ...«

Jacques Le Goff beschließt seine Geschichte des Lachens im Mittelalter mit einer kurzen Auseinandersetzung über die einflußreiche Theorie einer städtischen »Lachkultur« in der frühen Renaissance – eine Theorie, die der russische Literaturwissenschaftler Michail Michailowitsch Bachtin entwickelt hat. Obwohl Jacques Le Goff die historische Rekonstruktion dieser Lachkultur in Hinblick auf seine zeitlichen und räumlichen Dimensionen in Frage stellt, hält er den

Begriff Lachkultur selbst für so gewinnbringend, daß er damit seinen Entwurf über das Lachen im Mittelalter beschließt. Unter der Perspektive einer historisch verstandenen Anthropologie betont er am Ende noch einmal das besondere Potential der sublimierten Lachkultur der Mönche: »Der Mönch als Inbegriff des weltflüchtigen, ›weinenden Menschen (*homo lugens*)‹ zeigte manchmal auch das heitere Gesicht des *homo risibilis*, also des Menschen, der im Unterschied zu allen anderen Lebewesen zu lachen vermag« (S. 67–68).

Nachweise der Zitate und Quellen

G. Colli / M. Montinari (Hrsg.), *Also sprach Zarathustra. Ein Werk für Alle und Keinen* (1883–1885) (Nietzsche Werke, Kritische Gesamtausgabe, Bd. 6,1), Berlin 1968, S. 388, Zeilen 26–29.

Die Quellen zu den Mythen von Re-Harakhti und Hathor, Demeter und Baubo, Ama-terasu und Ama-no-Uzume-no-Mikoto bei:
K. Florenz, *Die historischen Quellen der Shinto-Religion*, Göttingen/Leipzig 1919, S. 39–40 (Zitat zu Ama-terasu und Ama-no-Uzume-no-Mikoto).
M.C. Jacobelli, *Ostergelächter. Sexualität und Lust im Raum des Heiligen*, Regensburg 1992 (italienische Originalausgabe 1990), S. 71–77.

W. Fraengers, *Komische Bibliothek*, Dresden 1992, S. 74–75.

J. Burckhardt, *Griechische Kulturgeschichte*, Bd. 1 (Deutscher Taschenbuch Verlag, Bd. 6075), München 1977, S. 295 (Originalausgabe 1898–1902).

Bildnachweis

Abbildungen 1–3:

Bamberger Dom, Fürstenportal. Giebelrelief.

Das Jüngste Gericht (um 1230)

Literatur: B. Neundorfer, *Der Dom zu Bamberg. Mutterkirche des Erzbistums*, 2. Auflage, Bamberg 1989, S. 22–28.

H.-Ch. Feldmann, *Bamberg und Reims. Die Skulpturen 1220 bis 1250. Zur Entwicklung von Stil und Bedeutung der Skulpturen in dem unter Bischof Ekbert (1203–1237) errichteten Neubau des Bamberger Doms unter besonderer Berücksichtigung der Skulpturen an Querhaus und Westfassade der Kathedrale von Reims*, Ammersbek bei Hamburg 1992, S. 37, 110–114 Abb. 10, 79–82, 156, 189, 193, 198, 224–226.

Foto: Zentralinstitut für Kunstgeschichte, München, J. Limmer, Nr. 5204 (Abb. 1), 5215 (Abb. 2), 5224 (Abb. 3)

Abbildung 4:

Manchester, John Rylands University Library, Latin MS 24, fol. 150v.

Buchmalerei (30,5 × 20 cm). Judas verrät Christus (Salisbury, um 1250)

Literatur: N. Morgan, »Early Gothic Manuscripts 1250 bis 1285«, in: J. J. G. Alexander (Hrsg.), *A Survey of Manuscripts Illuminated in the British Isles*, Bd. 4,2, London 1988, S. 57–59 Katalog-Nr. 100 Abb. 30.

W. Sauerländer, »*Phisionomia est doctrina salutis.* Über Physiognomik und Porträt im Jahrhundert Ludwigs des Heiligen«, in:

M. Büchsel / P. Schmidt (Hrsg.), *Das Porträt vor der Erfindung des Porträts,* Mainz 2003, S. 108–109, 111 Abb. 10.
Foto: Courtesy of the John Rylands University Library, Manchester (Ektachrome)

Abbildung 5:
Gent, Museum voor Schone Kunsten. Öl auf Holz (76,7 × 83,5 cm). Die Kreuztragung Christi, Hieronymus Bosch oder Nachfolger (1510–1535)
Literatur: O. Benesch, »Ein Spätwerk von Hieronymus Bosch«, in: *Mélanges G. Hulin de Loo,* Brüssel 1931, S. 36–44.
Ch. De Tolnay, *Hieronymus Bosch,* Baden-Baden 1965, (Einführung in das Werk), Abb. 310–311; (Kritischer Katalog der Werke), S. 376–377 Nr. 36.
W. S. Gibson, »'Imitatio Christi': the Passion scenes of Hieronymus Bosch«, in: *Simiolus. Netherlands quarterly for the history of art,* Bd. 6 Nr. 2 (1972/73), S. 83–93.
B. Völker, *Die Entwicklung des erzählenden Halbfigurenbildes in der niederländischen Malerei des 15. und 16. Jahrhunderts,* Göttingen 1968, S. 78–82.
J. Koldeweij/P. Vandenbroeck/B. Vermet (Hrsg.), *Hieronymus Bosch. Das Gesamtwerk,* Stuttgart 2001, S. 79 Abb. 67; S. 88, 97, 156, 163, 165 Abb. 67.
Foto: © akg-images, Berlin. Foto: Paul M. R. Maeyaert

Abbildung 6:
Paris, Notre-Dame. Steinrelief der nördlichen Chorschranken. Kindermord von Bethlehem (13. Jahrhundert)
Literatur: D. Gillerman, *The Clôture of Notre-Dame and Its Role in the Fourteenth-Century Choir Program,* New York 1977, S. 53–57 Abb. 14.
Foto: Centre des Monuments Nationaux, Paris (Ektachrome, Nr. CRC91/0458)

Abbildung 7:
London, Victoria and Albert Museum, Inv. 4495-1858. Figurengruppe aus Terrakotta (H 48,3 cm).
Maria mit lachendem Christusknaben, Antonio Rossellino (um 1465)
Literatur: J. Pope-Hennessy, The Virgin with the Laughing Child, (Victoria and Albert Museum Monograph, no. 2) London 1949.
J. Pope-Hennessy, *Catalogue of the Italian Sculpture in the Victoria and Albert Museum,* London 1964, Bd. I, S. 126–127 Nr. 104; Bd. III, Abb. 122.
Foto: © V & A images, London (Ektachrome, Nr. CT2839)

Abbildung 8:
München, Staatliche Graphische Sammlung, Inv. 1963:364 (P. 130 IV)
Radierung (18,7 × 17,2 cm). Das lachende Publikum, William Hogarth (1736)
Literatur: U. Küster (Hrsg.), *Theatrum Mundi. Die Welt als Bühne,* (Katalog, Haus der Kunst München, 24. Mai–21. September 2003), München 2003, S. 60 Nr. 1.
Foto: Staatliche Graphische Sammlung München, E. Seehuber, Nr. 03/234

Empfehlungen zum Lesen

R. Piddington, *The Psychology of Laughter. A Study in Social Adaptation,* 2. Auflage, New York 1963 (Originalausgabe 1933).

J. Ritter, »Über das Lachen«, in: J. Ritter, *Subjektivität. Sechs Aufsätze,* Frankfurt am Main 1974, S.62–92 (Originalausgabe 1940).

H. Plessner, *Lachen und Weinen. Eine Untersuchung der Grenzen menschlichen Verhaltens,* Bern 1941, wiederabgedruckt nach der 4. Auflage in: H. Plessner, *Philosophische Anthropologie: Lachen und Weinen. Das Lächeln. Anthropologie der Sinne,* (Conditio humana, Ergebnisse aus den Wissenschaften vom Menschen), Frankfurt am Main 1970, S. 11–171.

R.A. Spitz/K. M. Wolf, »The Smiling Response: A Contribution to the Ontogenesis of Social Relations«, in: *Genetic Psychology Monographs,* Bd. 34 (1946), S. 57–125 [Kurzfassung in: R. A. Spitz, *Die Entstehung der ersten Objektbeziehungen. Direkte Beobachtungen an Säuglingen während des ersten Lebensjahres,* (Beiheft zur Psyche, Bd. 4), Stuttgart 1957, S. 22–27].

G.B. Milner, »Homo Ridens. Towards a Semiotic Theory of Humour and Laughter«, in: *Semiotica. Journal of the International Association for Semiotic Studies,* Bd. 5 (1972), S. 1–30.

A.M. Di Nola, »Riso ed oscenità«, in: A. M. Di Nola, *Antropologia religiosa. Introduzione al problema e campioni di ricerca,* 2. Auflage, Florenz 1984, S. 19–94 (Originalausgabe 1974).

W. Preisendanz/R. Warning (Hrsg.), *Das Komische,* (Poetik und Hermeneutik, Bd. VII), München 1976.

K. Heinrich, »'Theorie' des Lachens«, in: K. Herding/G. Otto (Hrsg.), *›Nervöse Auffangsorgane des inneren und äußeren Lebens‹. Karikaturen,* (Kunstwissenschaftliche Untersuchungen des Ulmer Vereins, Bd. 10), Giessen 1980, S. 12–30.

A.C. Zijderveld, »The Sociology of Humour and Laughter«, in:

Current Sociology. The Journal of the International Sociological Association, Bd. 31, Nr. 3 (1983), S. 1–103.
P. Lévêque, *Colère, sexe, rire. Le Japon des mythes anciens*, Paris 1988.
E. David, E., 1989, »Laughter in Spartan Society«, in: A. Powell (Hrsg.), *Classical Sparta. Techniques behind her Success*, (University of Oklahoma Press), Norman 1989, S. 1–25.
M. C. Jacobelli, *Ostergelächter. Sexualität und Lust im Raum des Heiligen*, Regensburg 1992 (italienische Originalausgabe 1990).
S. Halliwell, »The Uses of Laughter in Greek Culture«, in: *The Classical Quaterly*, Bd. 41 (1991), S. 279–296.
W. Fraengers, *Komische Bibliothek*, Dresden 1992.
K.-J. Kuschel, »'Christus hat nie gelacht'? Überlegungen zu einer Theologie des Lachens«, in: T. Vogel (Hrsg.), *Vom Lachen. Einem Phänomen auf der Spur*, Tübingen 1992, S. 106–128.
G. Schmitz, »Ein Narr, der da lacht ... Überlegungen zu einer mittelalterlichen Verhaltensnorm«, in: T. Vogel (Hrsg.), *Vom Lachen. Einem Phänomen auf der Spur*, Tübingen 1992, S. 129–153.
S. Jäkel/A. Timonen (Hrsg.), *Laughter Down the Centuries* I & II, (Annales Universitatis Turkuensis, Serie B OSA, Bd. 208 & 213), Turku 1994 & 1995.
J. N. Bremmer/H. Roodenburg (Hrsg.), *A Cultural History of Humour*, Cambridge 1997.
R. M. Schneider, »Lust und Loyalität. Satyrstatuen in hellenistischer Zeit«, in: T. Hölscher (Hrsg.), *Gegenwelten zu den Kulturen Griechenlands und Rom in der Antike*, Leipzig/München 2000, bes. S. 369–375.
»Lachen. Über westliche Zivilisationen«, in: *Merkur. Deutsche Zeitschrift für europäisches Denken*, Heft 9/10 (Sept./Okt. 2002).
H. Braet/G. Latré/W. Verbeke (Hrsg.), *Risus Mediaevalis. Laughter in Medieval Literature and Art* (Mediaevalia Lovaniensia, Serie I, Studia, Bd. 30), Leuven 2003.